중국의 교육
불평등을 극복할 수 있을까

이 도서의 국립중앙도서관 출판예정도서목록(CIP)은 서지정보유통지원시스템 홈페이지(http://seoji.nl.
go.kr)와 국가자료공동목록시스템(http://www.nl.go.kr/kolisnet)에서 이용하실 수 있습니다.
(CIP제어번호: CIP2016032009)

총 서
중 국 의
연 구 쟁 점

8

# 중국의 교육
## 불평등을 극복할 수 있을까

소노다 시게토·신보 아쓰코 지음
백계문 옮김

한울
아카데미

Series Chugoku teki mondaigun, 12 vols.
Vol. 8, KYOIKU WA FUBYODO O KOKUFUKU DEKIRUKA
by Shigeto Sonoda and Atsuko Shimbo

© 2010 by Shigeto Sonoda and Atsuko Shimbo

First published 2010 by Iwanami Shoten, Publisehrs, Tokyo.
This Korean language edition published 2017 by HanulMPlus Inc., Paju
by arrangement with the proprietor c/o Iwanami Shoten, Publishers, Tokyo.

# 머리말

1980년대부터 '한자녀정책'을 실시해온 중국에서 부모가 자녀 교육에 일생을 거는 것은 흔히 볼 수 있는 모습이다. '수험생', '입시전쟁', '교육맘' 등 뜨거운 교육열에 관한 표현에 익숙한 일본인에게 그런 현상이 이해되지 않는 것은 아니지만, 확실히 중국의 교육에는 도를 넘는 바가 있다.

TV 다큐멘터리 〈5학년 1반 소황제[1]의 눈물〉을 예로 보자. 이 프로그램은 2008년 1월에 NHK의 '격랑의 중국' 시리즈의 하나로 방영된 것인데, 윈난 성 쿤밍 시의 초등학교 5학년 한 학급을 무대로 하여 중국의 성적지상주의가 얼마나 심각한 상태인지를 보여주었다.

심지어 소풍을 갈 때 조 편성에서도 성적이 사용되고 있었는데, 성적이 나빠 어느 조에도 들어갈 수 없는 아이마저 있었다. 반장은 부모까지 참석한 가운데 투표로 결정되는데, 반장은 언제나 성적이 가장

---

1    소황제(小皇帝)란 주로 1980년대 이후 '한자녀정책'에 의해 태어난 아이를 말한다. 부모와 조부모로부터 애정과 금전적 지원을 충분히 받으며 '과보호'로 자라는 경향이 있어 이렇게 불리게 되었다.

좋은 아이의 몫이었다. 성적지상주의가 지배하고 있어 몸 상태가 나쁘더라도 반드시 학교에 나가는 아이도 적지 않았다.

중국의 학교에서는 일반적으로 많은 숙제를 내주는데, 그것이 아이들에게 큰 스트레스를 준다. 이 프로그램에는 성적이 우수한 아이가 숙제를 마저 하느라 청소를 게을리 한 것 때문에 모든 급우 앞에서 질책을 당하는 장면이 담겨 있다.

중국의 공립소학교에서는 시험 성적을 게시하여 각 아이의 성적을 일목요연하게 볼 수 있다. 일본의 직장인 중에는 중국 기업이 인사고과 결과를 얼굴 사진을 넣어 공개하는 것을 보고 크게 놀라는 사람이 적지 않은데, 중국의 학교에서는 성적을 공개적으로 게시함으로써 누구나 자기 아이 성적은 물론이고 남의 아이 성적까지도 알 수 있게 한다.

필자(신보 아쓰코)의 지인에게 소학교 5학년짜리 딸이 있는데, 딸은 매주 주요 과목의 시험을 보고, 담임선생님은 학부형에게 "공부를 시켜주십시오"라는 메시지를 보낸다고 한다. 같은 학년의 다섯 개 학급이 성적을 겨루기 때문이라는 것이었다.

학력사회에 대해 비판적인 이야기가 많은 일본에서도 그 정도의 성적 중시 풍조는 볼 수 없다. 일본에서는 공부는 학원에서 하고 학교는 노는 곳으로 여기는 경향이 있으며, 교실이 시끄럽다거나 더러는 '학급 붕괴'가 일어나는 것이 문제가 되고 있다.

중국에서는 학급 붕괴 같은 현상이 극히 드물고 수업 수준도 대체로 높다. 수업의 중심은 언제나 공부 잘하는 아이들이고, 학교에서 가르치는 지식의 양도 결코 적지 않다. 이 때문에 '좋은 교육을 시키자'면서 자녀를 중국에 있는 본가로 보내 중국에서 교육을 받게 하는 신新화교²도 적지 않다. 그런데 농촌지역으로 눈을 돌려보면 도시지역과는 전혀 다른 광경이 펼쳐진다.

1990년대 말의 교육과정 개혁에 따라 전국의 모든 소학교에서 3학년 때부터 외국어 ― 그 대부분은 영어이지만 ― 를 가르치게 되었는데, 조건이 갖춰진 도시지역의 소학교들은 대부분 1학년 때부터 영어를 가르친다. 필자(신보 아쓰코)가 2007년에 방문한 닝샤 후이족 자치구 인촨 시의 한 공립소학교에서는 교사가 파워포인트를 사용해 독자적으로 영어 교재를 만들고 있었다. 영어 교사 중에는 젊은 대졸 여성이 많았는데, 교사가 활발한 토론을 통해 학생의 관심을 끌 수 있는 학습 방법을 찾고자 애쓰고 있었다. 그리고 교실에서는 교사와 학생들 간에 묻고 답하기가 활발하게 이루어졌다.

그러나 닝샤에서도 농촌지역으로 가면 영어 교사가 부족해 영어 수업을 개설하지 못하는 곳이 있었다. 필자가 방문한 소학교에서는 "이번 학기부터 영어를 도입했지만 수업 목표를 세우지 못하고 있다"라고 말했고, 2007년 여름에 방문한 간쑤 성의 외진 마을에서도 영어 수업이 이루어지지 않고 있었다. 수업이 순조롭게 진행되는 곳이라 하더라도 겨우 알파벳을 가르치는 정도에 그치는 곳도 있었다.

일본에서는 소학교의 시설이나 교육 내용 및 수준, 교사의 자질

---

2    신화교란 개혁개방 이후 해외로 나가 정착한 중국계 주민을 말한다.

등의 면에서 도시와 농촌의 격차가 크지 않다. 오히려 농촌에서는 아이 수가 적은 덕분에 더 세심한 지도가 이루어지기도 한다. 그러나 중국에서는 도시지역에 흐르는 시간과 농촌지역에 흐르는 시간에 100여 년의 차이가 있는 것이 아닌가 하는 생각이 들 정도로 그 격차가 크다.

일본과 중국 간에 교육을 둘러싼 환경의 차이가 이렇게 큰데 중국에 그처럼 성적지상주의가 강하고 진학 경쟁이 치열한 까닭은 무엇일까? 중국의 2009년 대학입시에는 1020만 명이나 되는 수험생이 참여했는데, 이렇게나 많은 사람이 대학입시에 참여한 까닭은 무엇일까?

중국에서 교육 격차 내지 교육 불평등은 어떻게 발생했으며, 중국은 그것을 어떻게 극복하려 해왔을까? 중국에서는 도시와 농촌뿐 아니라 계층이나 성별, 민족 등 교육을 둘러싸고 많은 격차와 불평등이 존재하는데, 중국은 최근 100년간 이 격차와 불평등을 극복하기 위해 무슨 일을 해왔고 또는 하지 않았을까? 그리고 그 과정에서 어떤 교육상 시도가 행해졌고, 그런 시도는 어떤 결과를 가져왔는가?

이 책은 이러한 질문에 답하기 위한 것이다.

# 차례

# 제1장

# 학력사회의 전주곡

## 청나라 말기 과거제도와 근대 교육의 만남

### 1. 문화적 유전자로서의 과거제도

중국의 교육과 불평등의 역사를 이야기할 때 아무래도 과거제도를 언급하지 않을 수 없다.

과거제도란 수나라 때에 창설된 관료 등용 시험(고등관 자격 시험)이다(宮崎市定, 1987: 11). 이는 베트남이나 조선, 일본 같은 주변 지역에도 영향을 미쳤을 뿐 아니라, 프랑스나 영국에서 채택한 관료 등용 원칙인 실적제merit system의 역사적 기원이 되었고, 관료제를 주요한 특징으로 하는 현대 중국의 정치문화에도 큰 흔적을 남겼다(Pye, 1988).

제도의 세세한 방식은 시대에 따라 다르기는 하나, 제도상으로 완성된 명나라·청나라 때의 과거는 과거시科擧試와 학교시學校試 두 단계로 구분되었다. 과거시는 향시鄕試(성두省都에서 실시), 회시會試(베이징에서 실시), 전시殿試(황제 앞에서 실시) 세 단계로 구성되었다. 과거시에 뜻을 둔 수험생이 수험 자격을 얻으려면 지방관학[1]에 적을 두고 예비시험인 학교시의 세 단계(현시縣試, 부시府試, 원시院試)에 합격해야 했다.

과거시는 3년마다 통일적으로 치러졌는데 수험생에 비해 합격자가 적어 합격 관문을 통과하는 것은 극히 어려운 일이었다. 수험생들은 장기간에 걸쳐 계속해서 시험을 보는 것이 일반적이어서, 단편 괴기소설집인 『요제지이聊齊志異』의 작가 포송령蒲松齡은 과거시의 전단계인 학교시에 수석으로 합격했으나 1660년에 향시를 보면서부터는 계속 낙방했다. 1690년 51세에 향시에 응시했지만 병 때문에 수험을 포기하고 귀향했다. 그러자 아내가 "이제 됐어요"라고 하여 30년에 걸친 수험 생활에 마침표를 찍었다고 한다(蒲松齡, 1997: 461).

그 정도로 가혹했기 때문에 최종 시험인 전시에 합격해 정식으로 진사進士가 될 때는 기념비가 세워질 정도였다. 지금도 중국 곳곳에는 진사가 된 사람들을 기리는 '진사 급제' 기념비가 남아 있는데, 이처럼 과거시험에 합격하는 것은 극히 명예로운 일이었다.

과거는 1905년에 폐지되기까지 1300년 이상 계속되었는데, 그 정도로 오랫동안 과거제도가 유지된 것은 무슨 까닭일까? 이 수수께끼

---

1    교육기관으로는 국가가 주관하는 '중앙관학'과 지방정부가 관할하는 '지방관학'이 설치되어 있었다. 시대에 따라 다르기는 하나, 중앙관학으로서는 교육행정관청인 국자감(國子監) 아래에 국자학(國子學) 등 최고학부가 설치되어 있었다(국자감은 국자학의 별칭이기도 하다). 그리고 지방관학으로서는 현학(縣學), 주학(州學), 부학(府學)이 각지에 설치되어 있었다.

를 푸는 데 실마리가 되는 것이 막스 베버Marx Weber의 '가산관료제家産
官僚制, patrimonial bureaucracy' 개념이다.

베버는 『유교와 도교』라는 책에서 중국의 전통적인 지배 형태를
'가산관료제'로 표현했다. 가산관료제란 근대의 관료제와 달리 가장家
長(중국에서는 황제)에 대한 절대적 충성을 맹세한 관료가 가장을 대신
하여 가장의 토지나 인민을 지배하는 형태를 의미한다.

관직에 뜻을 둔 자는 사서오경[2]을 암기하여 그 지식의 많고 적음
에 따라 관료로 선발된다. 사서오경에는 가장에 대한 절대적인 순종
을 요구하는 가르침이 많았고, 베버가 지적했듯이 "전통에 의해 확정
된 씨족 업무 내에서는 아무리 많은 과거시험을 통과한 관리라 하더라
도 그 씨족 가운데 전혀 교양이 없는 장로長老에게 무조건 복종하지 않
으면 안 되었다"(Weber, 1971: 166).

과거가 오랫동안 명맥을 유지할 수 있었던 것은 바로 전통적 지배
를 지탱하는 제도로 기능하고 있었기 때문으로, 근대 교육이 도입되고
전통적 지배가 동요·쇠퇴하자 과거제도 역시 중국에서 모습을 감추게
된다.

### 과거제도는 공평한 선발 방법일까

과거시험은 시험으로서의 공평성과 객관성, 시험 기회의 개방성

---

2    사서삼경이란 유교에서 특히 중시하는 경서들로서, 사서는 논어, 대학, 중용, 맹
     자를, 오경은 역경, 서경, 시경, 예기, 춘추를 가리킨다.

이 보장되어 있었기 때문에, 누구나 시험에 합격하기만 하면 관료가 될 수 있었다고 이해하는 경향이 있다. 프랑스의 계몽사상가들이 자국에 잔존하는 신분제를 비판할 때 과거제도에 주목했다는 것은 일찍이 알려진 일이며, 중국의 전통적인 엘리트 선발이 개방적이었다고 보는 견해의 뿌리는 깊다.

그러나 과거가 모든 사람에게 개방된 평등한 제도였던 것은 아니다. 수험 자체에는 비용이 들지 않았지만, 오랜 기간에 걸친 수험 생활을 뒷받침하는 데 막대한 경제력이 필요했기 때문에 유복한 가정 출신이 아니면 과거시험에 합격하기 어려웠기 때문이다(Marsh, 1961: 184~185).[3] 실제로 합격자 중에는 대대로 관료를 배출한 유력 종족宗族[4] 출신자가 많았는데, 그러한 사정을 중국 역사 연구자인 미야자키 이치사다宮崎市定는 다음과 같이 표현했다.

과거는 장기간에 걸쳐 이어진 시험들의 조합이었고 또 경쟁이 격렬했기 때문에 20대 초에 진사의 영예를 안은 자는 매우 운이 좋은 편이었고, 30대라 해도 그리 늦었다고 말할 수 없었다. 합격할 때까지 그렇게 오래 공부를 계속하려면 그만큼 경제적 뒷받침이 필요했기 때문에, 그

---

**3** 그렇지만 로버트 마시(Marsh, 1961: 185)는 과거에 합격하느냐 합격하지 못하느냐는 가족 배경의 영향을 받았지만 합격한 뒤 어느 정도로 출세하느냐는 가족 배경과 무관했다는 점, 다시 말해 합격과 승진에는 서로 다른 메커니즘이 작용했다는 점에 주의를 기울일 필요가 있다고 말했다.
**4** 여기서 종족이란 부계의 혈연관계로 맺어진 집단을 일컫는다. 청나라 때에는 진사 합격자 가운데 약 80%가 관료를 배출해온 유력 종족 출신이었다고 한다.

것은 궁핍한 사람에게는 허용되지 않는 길이었다. 또한 각 시험에 대한 수험료를 별도로 받지는 않았으나, 시험을 보려면 많은 돈이 필요했다. 특히 시골에 사는 자는 향시를 보기 위해 성두로 가는 왕복 여비와 숙박비가 필요했고, 시험관들에게 줄 사례비, 관계관들에게 줄 축의금이 필요했으며, 연회비나 교제비도 없어서는 안 되었다. 거기서 더 나아가 회시, 전시를 보려고 수도에 가게 되면 소요 비용은 더욱 커졌다. …… 과거의 수험료가 무료이더라도, 또한 여비가 아무리 적게 들더라도 그것은 일반인에게는 벼랑에 핀 꽃처럼 분명 손길이 닿을 수 없는 곳에 있었다(宮崎市定, 1963: 192~193).

역대 왕조는 과거를 통해 유력 종족을 지배체제 안으로 편입하려 했고, 유력 종족들도 자신의 세력 유지를 위해 관료를 배출하려 했다. 과거에 합격하려면 거액을 투자해야 했지만, 관료가 되면 서민보다 세역税役이 가벼워지는 데다 서민들이 세역을 감면받고자 관료에게 토지를 바치는 등 재산을 불리기 쉬운 상황이 갖춰졌다(平田茂樹, 1997: 71~77). 더 나아가 일정 정도 이하의 죄라면 자신의 관직이나 금전에 따라 속죄받을 권리가 부여되었는데, 그러한 특권은 자손이 설사 관료가 되지 못했다 하더라도 통상 3~4대까지는 인정되었다. 이처럼 관료가 되는 데 많은 비용이 든다 해도 관료가 되기만 하면 충분히 "본전을 뽑을 수 있었다".

유력 종족에서는 사숙私塾을 운영해 과거시험에 합격할 만한 우수한 아이를 선발하여 철저히 교육했다. 시험에 합격하는 것은 대단한 일이었기 때문에 위험성이 큰 투자였지만, 일단 합격하여 관리가 되기만 하면 출자자는 관료와의 '관계'(관시, 연줄)를 통해 충분한 보답을 받을 수 있었다.[5] 바로 이 '고위험·고수익'의 교육 투자 형태가 과거제도의 가장 큰 특징이라고 말할 수 있다.

업적주의 원리에 의거해 엘리트를 선발하는 수단으로 이해되는 이 과거제도도 장기에 걸쳐 교육 투자가 가능한 사회계층이나 그러한 사회계층을 수용하려 한 정치체제가 없었다면 존재하지 못했을 것이다. 조금 신랄하게 표현한다면, 중국 사회에 거대한 격차가 없었다면 과거제도가 오랫동안 유지될 수 없었을 것이며, 중국 사회가 강력한 연줄 사회였기 때문에 '개방된' 시험제도로서의 과거제도가 비판의 대상이 되기 어려웠던 것이다.

### 과거제도로 보는 현대와의 연속성

과거제도는 현재의 대학통일시험과 비슷한 특징을 많이 가지고 있다.

첫째는 전국 규모의 통일시험 형식을 취한다는 점이다. 과거는 3년에 한 번 전국 규모로 실시되었는데, 중화인민공화국에서도 건국 직후부터 현재에 이르기까지 문화대혁명의 공백기를 제외하고 매년 대학통일시험이 실시되었다.

대학통일시험에 수석으로 합격한 학생은 '가오카오高考 장원'(대입

---

5    중국 사회를 '관시(關係)'로 읽어내는 시도로 園田茂人(2001)이 있다.

장원)으로 불리며 해마다 많은 사람의 주목을 받는다. 수석 합격자는 얼굴 사진과 함께 소개되는 등 매스컴의 스포트라이트를 받는데, '장원'이란 예전에 과거시험에서 진사의 수석 합격자를 일컫던 말이다. 모두 똑같은 시험을 치르게 함으로써 수석 합격자를 특정할 수 있게 되는데, 학력 측정의 그러한 표준화·광역화는 과거제도에 역사적 기원을 두고 있다.

둘째는 합격 배율이 높아 합격하는 것이 대단히 어렵다는 점이다. 청나라, 명나라로 내려갈수록 경쟁이 격화되어 학교시를 통과해 과거시에 응시하는 자만을 놓고 볼 때 약 3000명에 한 명이었다고 하는데(宮崎市定, 1963: 199), 이는 2008년 베이징대학 합격자가 전체 수험자에서 차지하는 비율과 거의 비슷하다.

셋째는 합격자에 지역 간 격차가 있다는 점이다. 예를 들면, 송나라 때 가장 많은 합격자를 배출한 곳은 수도에 위치한 개봉부開封府였다(村上哲見, 1980: 94~96). 시험 출제자(시관試官)들이 개봉부에 거주하고 있었고 그 문화적 토양이 시험문제에 반영되었을 것으로 생각할 때 그것은 당연한 일이었을 것이다. 본적 이외의 다른 곳에서 예비시험[6]을 보는 것이 엄격히 제한되었기 때문에 비합법적으로 호적을 취득하거나 같은 성씨의 집안에 입적하는 것을 통해 개봉에 거주하려는 자가 줄을 이었다.

---

6    송나라 때에는 지방 예비시험인 부시(府試), 주시(州試)에 국자감과 관련한 성시(省試)의 예비시험인 국자감시(國子監試)를 더해 해시(解試)라 칭했다.

오늘날 중국에서는 대입시험이 지역 권역별로 행해지고 모집 정원이 성·직할시별로 할당되고 있는데, 베이징이나 상하이에서는 대학이 많고 모집 인원도 많기 때문에 대학입학이 상대적으로 쉽다고 한다. 예를 들어 2007년 베이징대학 문과계열 합격선은 베이징에서 621점, 하이난성에서 854점이었는데, 시험문제가 다르다고는 해도 지방에서 베이징대학에 입학하기 어렵다는 사실은 변함이 없다.

또한 지역이나 학교에 따라 같은 공립학교라도 교육 수준에 상당한 차이가 있다. 이 때문에 입시 명문 학교가 있는 지역에서는 교육열이 높은 부모들이 주택을 사들여 부동산 가격이 급등하는 현상이 빚어지곤 한다. 그뿐 아니라 자녀의 대학입시에 유리하도록 월경 입학하는 사례도 속출하고 있다.[7]

과거제도하에서는 커닝이나 대리시험이 빈발했는데, 이 점은 현대 중국에서도 큰 차이가 없다. 그뿐 아니라 위조 졸업증서 발행, 악덕 브로커에 의한 합격 알선이나 심지어는 대학에 의한 불법 모금 등(阿古智子, 2009: 170) 수험과 관련한 지하경제가 계속 성장하고 있다.

전통적 지배는 사라졌지만, 과거제도와 관련한 문화적 유전자는 현재에도 살아남아 있다고 해도 좋을 것이다.

---

7  중국과 같은 과거시험의 전통이 있는 한국에서도 서울시를 흐르는 한강의 남쪽 (강남 지역)에는 특히 교육열이 높은 사람들이 모여 살고 있기 때문에 지가가 이상할 정도로 높다.

## 2. 교육에 대한 서방의 충격

중국에서는 전통적으로 교육열이 높았다. 과거제도가 아주 오랫동안 존속했기에 그러한 신화가 존재한다고 해도 이상해 보이지 않을 것이다. 사회학자 로널드 도어Ronald P. Dore는 일본이 근대화에 '성공'한 요인을 에도시대 서당(데라코야寺子屋)의 존재와 높은 식자율에서 찾았는데(Dore, 1970), 막연히 중국에 대해서도 같은 말을 할 수 있을 것으로 여기는 사람들이 있다.

그러나 전통 중국에서의 식자율은 결코 높지 않았다. 이는 국토가 넓고 서로 다른 언어를 쓰는 많은 소수민족이 있다는 사정 때문이기도 하다. 그러나 그 이상으로 중요한 것은, 유력 종족의 구성원이거나 풍요로운 지방의 주민이라면 비록 가난하더라도 사숙에서 공부할 기회를 얻을 가능성이 있었으나 그렇지 않은 자가 글자를 배울 기회를 얻는다는 것은 대단히 어려웠다는 점이다.

송나라 시대 이후로 과거제도가 정비되는 과정에서 관학이 발전하기는 했으나, 관학에서 배우는 사람의 수는 비교적 소수였다. 이 때문에 민간 교육기관인 서원[8]이 큰 역할을 했다. 그러나 이 서원도 그렇게 발달하지는 않았다. 과거에 합격하는 것이 지상명제가 되어 그

---

8    서원이란 민간 교육기관이다(다만 일부 공립도 있다). 서원이 융성했던 것은 송나라 시대로, 이때는 비교적 자유롭게 연구나 학술교류가 이루어졌다. 그러나 때로 반체제적 성향을 띠었기 때문에 명나라 때에는 많은 서원이 폐쇄되거나 관학화하는 등 고초를 겪었다.

밖의 목적은 중시되지 않았기 때문인데, 요컨대 전통 중국에서는 사람들이 엘리트 선발에는 열심이었으나 대중교육에는 그리 열성을 내지 않았다.

1860년대 이후 이러한 상황에도 변화의 조짐이 나타났다. 교육도 '서방의 충격western impact'에 따라 변화를 강요받게 된 것이다.

1, 2차 아편전쟁을 계기로 벌어진 유럽 열강의 중국 침략, 태평천국의 난으로 나타난 국내 모순의 격화 등을 배경으로, 개화파 관료들이 서양의 앞선 군사기술과 과학기술을 도입해 중국의 강국화를 도모한다는 목적하에 양무운동을 추진했다. 이와 동시에 각지에 새로운 유형의 학당을 개설하여, 경사동문관京師同文館 등 외국어학교나 복건선정학당福建船政學堂 등 군사학교, 복건전보학당福建電報學堂 등 실업기술학교에서 근대 과학과 군사기술 도입에 필요한 인재를 양성하기 시작했다.

그러나 당시 독서층은 관리 등용과 무관한 근대적 학문에 대해서는 거의 관심을 보이지 않았으며, 학당에서 배우는 자도 적었다. 이 때문에 국내 개혁은 지지부진했는데, 20세기가 되어 근대적인 학교교육제도가 도입되자 상황이 급변하기 시작했다.

1904년에 명실공히 근대 교육제도의 효시가 된 주정학당장정奏定學堂章程이 공포되었고, 이후 근대적인 학교제도가 수립되어 교육과정과 연한이 점차 통일되었다.

## 3. 과거제도 붕괴가 가져온 변화

주정학당장정이 공포·시행되고 그다음 해인 1905년, 과거제도가 그 오랜 역사에 마침표를 찍었다. 애초에 군부에는 "한족의 정치적 관심을 돌리기 위해 과거제도를 유지해야 한다"는 의견을 내는 자들도 있었으나, 결국 폐지로 방향이 잡혔다.

과거제도의 붕괴는 어떤 변화를 가져왔을까? 그 변화를 다음 세 가지로 정리할 수 있을 것이다.

### 근대 학교의 등장

첫째로, 과거를 대신하는 것으로서의 근대적 학교가 등장하여 인재 선발과 엘리트 양성 기능을 수행할 뿐 아니라 대중교육기관의 기능도 담당하게 되었다.

그 결과 지금까지 과거 공부를 시켰던 가족이나 종족이 자녀를 학교에 보내게 되었다. 예를 들면, 문학자 궈모뤄郭沫若는 과거시험 준비를 위해 가숙家塾에서 엄격한 지도를 받고 있다가 과거제도가 폐지되자 소학교에 진학했다(郭沫若, 1967: 29~62). 이것도 고등소학高等小學을 마치면 족보[9]에 기록되게 된 것 ─ 다시 말해 근대적 학교에 진학하는 것이 그만큼 높게 평가받게 되었다는 것 ─ 과 큰 관계가 있다.

근대적 학교제도를 수립할 때 그 모형이 된 것은 일본이었다. '서

---

**9**  종족의 계보와 역사를 기록한 책자.

방의 충격'이라고 말하지만, 실제적으로 큰 영향을 미친 것은 일본이었고, 특히 교육개혁은 사실상 '일본의 충격'으로 이루어졌다.

사실 주정학당장정의 '주정초등소학당장정奏定初等小學堂章程'은 일본에서 1872년에 발효된 「학제學制」의 부속문서(「學事獎勵ニ關スル被仰出書」)를 토대로 한 것이었다(牧野篤, 2006: 74). 또한 주정학당장정의 교육체계에서는 초등교육이 9년(초등소학 4년, 고등소학 5년), 중등교육이 5년, 고등교육이 6~7년으로 되어 있는데, 이는 당시 일본 학교교육제도를 모방한 것이었다(阿部洋, 1990: 34).

청나라 정부가 일본을 모방해 교육 근대화를 추진한 것의 계기가된 것은 청일전쟁에서 일본이 승리하고 러일전쟁에서 일본이 승리한것이었다. 청나라 정부가 메이지 정부의 교육정책을 모델로 삼은 것은 일본이 근대국가로 도약하고 전쟁에서 승리할 수 있었던 배경에 근대적 학교교육의 비약적 발전과 국민교육의 보급이 있다고 보았기 때문이다.

중국인 교원을 양성하기 위해 많은 일본인 교습자가 바다를 건넜는데(蔭山雅博, 1983: 7~47), 그들 중에는 경사대학당京師大學堂(지금의베이징대학) 사범관師範館에서 교편을 잡은 도쿄제국대학 문과대학 교수 핫토리 우노키치服部宇之吉나 베이양사범대학에서 교편을 잡은 도쿄전문학교 고등사범부(현재의 와세다대학 교육학부) 교무주임 나카지마한지로中島半次郎 같은 인물도 포함되어 있었다.

메이지 시기의 일본에 외국인 고용자가 있었듯이 중국에도 외국인 고용자가 많이 있었다. 1909년 당시 중국에는 외국인 교습자가

356명이 있었는데, 그중 일본인 교습자가 87%로 '일본인 고용자' 규모
는 상당했다(山室信一, 2001: 368). 나아가 일본인 교습자의 저작이나
강의가 중국어로 번역되어 교육학 교과서로 사용되는 경우도 많았다
(經志紅, 2005: 93~101).

이러한 과정을 거쳐 중국에서도 학교교육을 통해 근대의 합리적
정신이 가르쳐졌고 근대적 국민이 창출되었던 것이다.

1915년 천두슈陳獨秀가 창간한 ≪신청년新靑年≫에서 '민주주의와
과학'을 슬로건으로 내세우고 격렬한 유교 비판을 전개했던 것도 근대
학교의 수립과 합리적 정신의 확산이라는 문맥을 배제하고서는 이해
할 수 없는 일이다.


### 해외 유학생에 의한 '기능적 대체'

둘째로, 해외 유학이 과거를 대신하는 것으로 간주되기 시작했다.

청나라로부터 유학생을 적극적으로 받아들인 것은 고분가쿠인宏
文學院이나 와세다대학[10] 등 당시 일본에서 부흥하고 있던 사학이었다.
고분가쿠인은 가노 지고로嘉納治五郎[11]가 설립한 당시 대표적인 유학생
교육기관으로, 루쉰이 이 학교를 다니기도 했다. 그리고 와세다대학은
1905년에 청나라 유학생을 위한 부서를 개설해 중국 유학생을 적극적

---

10  와세다대학은 1872년에 도쿄전문학교로 개설되어 1902년에 현재의 이름이 되
    었다.
11  가노 지고로는 가쿠슈인(學習院) 원장, 도쿄고등사범학교(현재의 쓰쿠바대학)
    교장을 역임한 인물로, 고토칸(講道館) 유도를 확립한 것으로도 유명하다.

으로 받아들이기 시작했는데, 이는 창설자인 오쿠마 시게노부大隈重信
가 아시아 중시 전략을 가지고 있었기 때문이다.

실제로 와세다대학 유학생 가운데에는 리다자오李大釗[12]나 펑파이
彭湃[13] 같은 사회주의혁명의 기초를 만든 인물도 있었다(安藤彦太郎,
2002: 123~198). 고등교육기관 가운데 가장 빨리 중국어 과목을 개설
한 것도 와세다대학이었는데, 1920년대에는 학생의 거의 4분의 1이
해외에서 온 유학생이었다.

당시 일본에는 량치차오, 캉유웨이, 쑨원 등 청나라에서 온 망명
객이나 혁명가가 많이 머물렀는데, 1906년 절정기에는 중국인 유학생
이 약 1만 명에 달했다고 한다. 도쿄는 장제스나 저우언라이 등 근대
중국의 중요 인물들이 머무는 등 유학생의 메카가 되어 있었다. 지리
적으로 가깝다는 것, 입헌군주제를 유지하고 있어 당시 중국과 정치
환경이 유사했다는 것, 서양의 근대 과학을 배우는 데 외래어를 한자
로 번역해둔 일본어가 편리했다는 것 등이 그 이유였다.

그러나 일본에서 유학한 이들은 1년 전후의 속성교육을 받는 경
우가 많아 귀국 후 관료 등용 시험에 합격할 수 없었기 때문에 중국에
서 꼭 좋은 평가를 받는 것은 아니었다. 게다가 일본은 혁명운동의 거

---

12  리다자오는 중국공산당의 창설자 가운데 한 사람이다. 베이징대학 교수 겸 도서
    관장을 역임했는데, 마오쩌둥이 베이징대학 도서관에서 아르바이트를 하고 있었
    을 때의 상사이기도 했다. 마오쩌둥은 리다자오를 통해 마르크스주의를 접하고
    그의 제자가 되었다.
13  펑파이는 국민혁명 초기의 저명한 혁명가이다.

점이 되어 있었는데, 일본 정부는 청나라의 요청에 따라 일본에서의 혁명운동을 탄압했다. 그 결과 일본을 찾는 중국인 유학생 수가 급감했고, 그 대신에 미국 유학이 주류를 이루기 시작했다.

### 여성 교육의 돌파구

셋째로, 여성 교육이 시작되는 계기가 되었다.

전통 중국에서는 여성의 지위가 낮고 전족이나 여아 유기 등이 속출했다. 그리고 "남자는 덕이 있는 것이 재주, 여자는 재주가 없는 것이 덕男子有德便是才, 女子無才便是德"이라는 말이 있었을 정도로 여성에게는 교육 기회가 주어지지 않았다. 청 말까지 여아가 사숙 등 교육기관에서 글을 배우는 일은 거의 없었다고 말해도 과언이 아니다.

과거제도는 어디까지나 남성을 염두에 둔 제도였고, 문자는 남성의 차지였으며, 여성은 남편이나 자식을 통해 행복해지는 것으로 간주되었다. 이 점은 여아에게도 서당 교육의 문이 열려 있던 일본의 에도 시대와 큰 차이가 있는 부분이다.

그러나 과거제도가 폐지되면서 자기 생활방식을 통해 자아실현을 꾀하는 여성이 나타나기 시작했다. 특히 여성의 교육 달성에 큰 영향을 미친 것이 미션 스쿨이었다.

서양의 선교사들은 여성의 지위가 낮은 것에서 중국 사회의 모순을 감지했다. 예를 들면 중국에 온 한 예수회 선교사가 1700년에 쓴 편지에는 "여야 유기가 많은데, 그 아이들을 모아 수도원에서 생활하게 하고 있습니다"라는 구절이 나온다(矢澤利彦, 1973: 10). 전족을 한 여성은 교회에 다니는 것은커녕 외출조차 마음대로 할 수 없었는데 이 것이 선교에 큰 어려움을 가져다주는 문제이기도 한 까닭에 선교사들은 청나라 왕조를 상대로 전족 금지령을 발포하도록 많은 노력을 기울였다.

기독교 단체들은 여숙이나 미션 스쿨을 적극적으로 설립했다. 1844년에 영국의 동방여자교육협진사東方女子教育協進社가 저장 성의 닝보에 설립한 닝보여숙이 여숙의 시조인데, 이후 교회가 있는 곳에는 반드시라고 해도 좋을 정도로 여숙이 만들어졌다. 그리하여 1877년 당시 개신교계 여숙이 121개, 학생 수가 2101명을 헤아리기에 이르렀다(中國女性史研究會, 2004: 13). 중국 사회에서 낮은 지위를 감내하고 있었던 여성들에게 교육을 실시함으로써 중국에 기독교가 침투하기를 도모한 결과라고 하겠다.

기독교 선교라는 '숨은 의도'가 있었다고는 하나, '만인을 위한 교육'이라는 관점에서 본다면 중국의 여성 교육에 미션 스쿨이 담당했던 역할에 대해서는 아무리 높게 평가해도 지나치지 않을 것이다.

그 후 1898년에 중국인에 의한 최초의 여학교인 중국여학당中國女學堂이 상하이에 정식 설립된 데 이어 전국적으로 여성 교육기관이 확산되었다(崔淑芬, 2007: 170~180).

## 4. 맺음말

중국은 과거제도가 붕괴하면서 교육 근대화의 길로 나서게 되었다. 그리고 그 길로 나서는 중국의 어깨에는 균질적인 국민의 창출과 근대국가를 관리·운영할 수 있는 엘리트의 육성이라는 두 가지 과제가 놓여졌다. 그러나 거대한 영토를 가진 중국에서 이 두 가지 과제를 동시에 달성한다는 것은 극히 어려운 일이었다.

신해혁명 이후의 중국은 먼저 후자에 무게를 둔 교육정책으로 나아갔는데, 그것이 결과적으로 도시와 농촌, 두뇌노동과 육체노동, 공업과 농업 간의 '3대 차별'을 조장했다.

제2장

# '교육의 대중화'라는 꿈

## 중화민국 시기의 교육개혁 시도

## 1. 근대적 학교교육의 성립: 미국 모델의 도입과 그 효과

신해혁명 이듬해인 1912년에 중화민국이 수립되었다. 같은 해에 중앙교육행정기관으로 교육부가 창설되고 '학당'이 '학교'로 개칭되었다. 중국에서 근대적 학교제도가 시작된 것이다.

이어서 1922년에는 초등교육 6년, 중등교육 6년(중학 3년, 고교 3년), 고등교육 4~6년으로 구성되는 학교체제 개혁안이 공포되었다. 이는 미국의 6·3·3제를 모형으로 하여 학교제도의 전면적 개혁을 기도한 것이었다.[1]

---

1    일본은 전후 미국을 모델로 삼아 교육제도를 개혁하여 6·3·3제를 채택했는데, 그 결과 현재 일본과 중국의 교육제도 모두 6·3·3제를 바탕으로 하고 있다.

동시에 교육과정도 개정되었다. 청나라 말기부터 민국 초기까지는 일본을 모델로 하여 수신修身을 가르쳤는데, 나중에 공민 과목(사회 과목)이 이를 대신하게 되었다(市川博, 1975: 326).

1920년대에 미국을 모델로 한 교육개혁이 실시된 배경에는 1919년의 5·4운동을 계기로 한 서양 교육사상의 대량 유입이 있었다. 이 새로운 학제는 5·4운동 시기 교육개혁의 성과였는데, 이후 인민공화국 건국 후인 1951년까지 중국 교육제도의 근간을 형성하게 된다.

### 고등교육 중시 정책과 미국의 영향

엘리트 양성을 중시한 민국 정부는 고등교육에 중점을 두고 예산을 배분했다(楊東平, 2003: 37~38). 원래 엘리트 선발에 열심이었던 풍토에다 근대 과학과 군사기술 도입에 필요한 인재 양성을 중요 과제로 삼았던 사정이 겹친 결과인데, 중국의 고등교육은 이후 미국의 영향을 강하게 받으며 발전했다.

베이징대학 같은 국립대학도 있었기는 하지만, 미선계 고등교육 기관인 옌징燕京대학,[2] 진링金陵대학,[3] 링난嶺南대학[4] 등의 존재감이 컸

---

2   베이징대학 전신으로, 1916년 기독교장로회, 감리교 등이 창설했다. 중화인민공화국 건국 이후 정부에 접수되어 1952년 베이징대학과 칭화대학으로 분할되었다.
3   난징대학 전신으로, 미국 기독교감리교파와 장로회가 난징에 세웠다. 1952년에 원계(학과) 조정에 따라 난징대학이 되었다.
4   미국 기독교장로회가 광저우에 설립했다. 1888년에 세워진 격치서원(格致書院)이 전신이며, 1918년에 링난대학으로 개칭했다. 1951년에 인민 정부가 접수하여 중산대학(中山大學)에 흡수·합병되었다.

는데, 이 대학들은 풍부한 자금을 토대로 교육활동을 활발히 전개했다 (阿部洋, 1985: 43~76). 기독교 단체들이 마지막 남은 선교 개척지로 중국을 중시한 점이나 불평등조약 때문에 중국에서의 선교 활동이 용이했다는 점 등이 작용해 서양의 기독교 신자들이 대중국 선교를 촉진하기 위한 헌금 사업에 열심히 나섰고, 그 덕분에 거액의 기부금이 중국의 고등교육에 투입되었던 것이다.

특히 미국의 개신교 선교회들은 고등교육에 자원을 집중적으로 쏟았다.[5] 사실 미선계 고등교육기관 수는 당시 일본에 세워진 미선계 고등교육기관 수보다 훨씬 많았다.

이에 더해 미국 고등교육기관으로의 유학이 성행했는데, 그 배경에는 미국이 20세기 들어 본격적으로 중국에 접근하기 시작한 것이 있다.

그중에서도 주목해야 할 것이 의화단 사건 배상금에 의한 관비 유학생 파견제도다. 의화단 사건이 제압된 뒤 각국은 청나라 정부로부터 배상금을 받았는데, 그 금액이 너무 커서 국제사회로부터 비판이 일었다. 그래서 각국은 용도를 지정하는 형식으로 그 일부를 반환하면서 중국 관련 프로젝트를 실시했다. 일본은 그 배상금을 일본인 유학생의 중국 파견이나 중국 서적 구입에 사용했고, 미국은 록펠러 병원을 설립한 것 외에 1911년에 대미 유학을 위한 예비교육기관으로

---

5    1917년 당시 미국의 미선계 대학은 16개로, 영국 7개, 프랑스와 독일 각 3개를 능가했다.

칭화대학[6]의 전신인 칭화학당을 설립했다. 미국은 이 칭화학당의 졸업생들을 하버드대학이나 콜롬비아대학, 예일대학 등으로 유학을 보냈을 뿐 아니라 일본에 간 중국인 유학생들에게도 미국 유학을 가도록 노력했다.

관비 유학생 파견제도뿐 아니라 선교단체들이 개인을 상대로 장학금을 주어 유학을 보내주는 경우도 있었다. 그런 경우에 장학금을 받는 조건으로 기독교로 개종하는 중국인 유학생도 적지 않았다.

이렇게 미국은 친미적인 엘리트 또는 경건한 기독교인을 양성하는 데 성공을 거두어갔다. 예를 들어서, 쑹메이링은 열렬한 기독교인이 되었고, 일본 유학에서 돌아온 장제스는 결혼할 즈음 기독교로 개종했다.

관비 유학생 파견제도에 의한 중국인 유학생 중 상다수가 명문교에서 유학했다. 관비 유학생 파견제도에 의해 미국에 파견된 학생 수는 1920년까지 약 1300명에 달했다고 하는데(阿部洋, 2000: 12), 그들은 귀국 후 뛰어난 활약을 보였다. 후스胡適[7]나 마인추馬寅初[8] 등 민국

---

6   1925년에 대학부(大學部)를 개설해 4년제 대학이 되었다. 1928년에 국민정부의 관리하에 들어가면서 국립칭화대학으로 개칭했다. 중화인민공화국 건국 후에는 조직을 재편성해 문과·법과·이과·농과를 베이징대학으로 이전하고 공업대학으로 전환했다.

7   민국 시기를 대표하는 학자이자 사상가이다. 1910년에 미국으로 유학을 가서 처음에는 코넬대학에서 농학을 공부했고, 이어서 콜롬비아대학 대학원에서 철학을 공부하면서 존 듀이의 프래그머티즘에 빠졌다. 1917년에 귀국해 베이징대학 교수가 되었다. 문학혁명을 이끌기도 했다.

시기를 대표하는 지식인이 된 이도 적지 않았다.

더욱이 그들은 귀국 후에도 미국과의 관계를 유지했다. 1920년대부터 1930년대까지 평민교육운동, 향촌교육운동의 지도자로 활약한 옌양추晏陽初는 록펠러 기금의 자금 원조를 받아 교육사업을 전개했는데, 미국 측은 귀국 유학생들에 대한 지원을 아끼지 않았다. 존 듀이 John Dewey는 5·4운동이 한창이던 1919년부터 1921년까지 2년에 걸쳐 중국을 방문하여 중국에 민주주의를 기반으로 한 새로운 교육이념을 퍼뜨리고자 노력했는데, 콜롬비아 대학에서 듀이에게 배웠던 후스와 타오싱즈陶行知가 통역으로 그를 수행하면서 많은 역할을 했다(市川博, 1975: 327~344).

그러나 청나라 말기에 일대 세력을 이룬 일본 유학생은 대학의 학부 또는 1~2년 속성교육을 마친 이가 많아 중·고등학교에서 교사로 활약하는 이는 적지 않은 반면에 고등교육기관에서 교편을 잡는 이는 적었다. 그런 까닭에 사회적 영향력이 미국 유학생에게는 미치지 못했고 또 일본과의 관계도 취약했다.

이처럼 민국 시기의 고등교육에 미국이 미친 영향은 압도적이었다. 그러나 그 후 사회주의혁명이 일어나자 이는 전면적으로 부정당하게 된다.

---

8   경제학자로서, 베이징대학 학장을 지냈다. 중화인민공화국에서 일찍이 인구 억제의 필요성을 제기했다. 이것이 마오쩌둥의 심기를 거슬러 맬서스주의자로 엄한 비판을 받았는데, 문화대혁명 이후 명예가 회복되었다.

## 2. 기초교육기관들의 병립: 공립소학교·사립소학교·사숙

고등교육에 국립과 사립이 병존한 것처럼 민국 시기의 소학교에
도 공립과 사립이 병존했다. 그리고 이것이 중국의 교육 격차에 큰 영
향을 미쳤다.

### 격차 속의 기초교육

지방 재정의 보조를 받아 시설이 갖춰져 있던 공립학교에서는 교
사나 교원양성기관의 졸업생이 많았고 교육 수준도 비교적 높았다.
그러나 수업료가 비싸 부유층 자녀밖에 다닐 수 없었고, 결국 공금으
로 부유층 자녀를 교육하는 '계층 재생산'이 널리 행해졌다.

게다가 재정난 때문에 공립소학교 설치가 도시지역 등 일부 지역
으로 제한되었고, 따라서 농촌에 거주하는 부유층이나 지식인은 자녀
교육을 위해 도시지역으로 옮겨갔다.

부유층 자녀는 수준 높은 공립소학교를 졸업한 뒤 중등교육기관
이나 고등교육기관으로 진학할 수 있었으나, 농민층 자녀는 양질의 근
대 교육을 받을 기회를 가질 수 없었다. 그 때문에 도시와 농촌 간 교
육 격차는 해소되지 않은 채 그 상태를 그대로 유지했고, 이것이 계층
격차를 확대했다. 도시의 부유층은 서양으로 눈을 돌릴 뿐 농촌 현실
에 눈을 돌리는 경우는 드물었는데, 엘리트와 민중 사이의 고랑이 깊
어졌다는 것은 중국 교육제도의 역사를 고찰할 때 중요한 지점이다
(イ-ストマン, 1994: 265~267).

그림 2-1 **민국 시기 학령아동 취학자 수 추세**

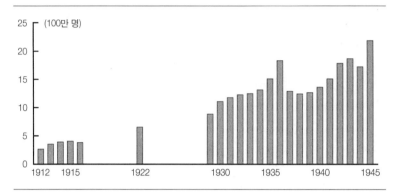

자료: 敎育年鑑編纂委員會(1948: 1455~1457).

한편 민국 시기에는 대중의 기초교육에서 사립학교가 중요한 역할을 수행했다. 사립소학교 가운데는 신흥 자본가 개인의 자산으로 설립된 학교뿐 아니라 전통적인 족숙族塾이 발전한, '근대적 족숙'이라 할 만한 학교도 존재했다. 그중에는 노후한 시설에 근대적인 사범 교육을 받지 못한 교사들이 근무하는 비인가 사립소학교도 있었으나, 아무튼 공립소학교가 없는 지역에서는 이러한 사립소학교가 공립소학교를 대체하는 역할을 수행했다.

민국 시기 근대 학교 도입이 늘 순조로웠던 것은 아니다. 1935년 당시 학령아동의 초등교육 취학률은 30% 정도에 그쳤다(敎育部統計室, 1938: 57). 〈그림 2-1〉은 민국 시기 학령아동 취학자 수 추세를 나타낸 것이다. 이를 보면 취학자 수가 1936년에 고점에 이른 후 중일전쟁이 발발하면서 줄어든 것을 알 수 있는데, 적어도 제2차 세계대전이 끝날 때까지는 취학률이 별로 높아지지 않았다고 말할 수 있다. 문부

성 자료에 따르면, 1872년에 학제가 시행된 일본에서는 1902년에 취학률이 90%를 넘었는데, 이를 보더라도 중국의 수치가 얼마나 낮은 것인가를 이해할 수 있을 것이다.

### 간과할 수 없는 사숙의 역할

중국에는 전통적인 교육기관이 많이 존재했다. 이 교육기관들은 일반적으로 '사숙'으로 불렸다.[9] 민국 시기에도 사숙은 아이들에게 취학 기회를 제공하는 데 없어서는 안 될 교육기관이었다(新保敦子, 2008b: 104~109). 예를 들면, 불완전하기는 하나 사숙에 대한 전국 조사가 1935년에 실시되었는데, 전국 사숙의 총수는 11만 144개, 사숙학생 수는 187만 8351명이었다. 그중 전통적으로 많은 진사 급제자를 배출해온 장쑤 성에는 사숙이 2만 4259개, 학생 수가 43만 6647명에 달했다(中國第2歷史檔案館, 1994: 682~683). 같은 해 장쑤 성의 소학교 취학 아동 수가 96만 7317명이었던 것에 비추어보더라도 사숙 학생 수가 얼마나 많았는지를 알 수 있을 것이다.

사숙은 학비가 쌌기 때문에 농민이나 노동자는 자제를 사숙에 보냈다. 청나라 말기 사숙에서는 처음에 삼자경三字經, 백가성百家姓, 천자문을 가르치고 단계를 따라 사서오경으로 나아갔는데, 민국 시기에 이르러서는 삼자경이나 사서오경과 함께 근대 학교에서 사용된 국어 교

---

**9** 사숙에는 의숙(義塾: 지방의 공유재산으로 설립한 것으로, 경제력이 없는 가정의 아이는 무료로 수강)이나 족숙(族塾: 종족 내에 설치된 의숙), 가숙(家塾: 중류 이상의 가정에서 교사를 데려와 수업을 진행) 등이 있었다.

과서를 채택하는 경우도 흔히 볼 수 있었다. 민중은 근대 학교제도가 수립되고 나서도 계속해서 공동체와 긴밀한 관계에 있는 사숙을 선택했는데, 사숙 쪽에서도 시대의 요청을 수용해 살아남을 목적으로 그 성격이나 교육 내용을 변화시켜갔던 것이다.

정부는 사숙이 아동의 근대 학교 취학을 저해한다고 하여 처음에는 사숙을 강력히 단속했다. 그러나 공립소학교가 적다는 점 등을 이유로, 사숙을 빠르게 줄여나가기보다 개선해나가는 쪽으로 정책을 전환했다.

1937년에 중일전쟁이 개시되어 폐교되는 소학교가 많아지자 사숙이 교육기관으로서 중요한 역할을 수행했고, 제2차 세계대전이 끝난 다음에도 한동안 그러한 역할을 맡으며 존속했다. 그러나 중화인민공화국 건국 이후 농촌에 소학교가 보급되면서 오랫동안 대중교육을 뒷받침해온 사숙도 그 역사적 사명을 다하게 되었다.

이처럼 중국에서는 청나라 말기에 근대적인 학교교육제도가 도입되기 시작했는데, 예산 배분의 중점은 고등교육에 두어졌고 초등교육은 그다지 중시되지 않았다. 게다가 조건이 갖춰진 공립소학교는 주로 도시지역에 설치되었기 때문에 인재가 도시지역에 집중되고 도시와 농촌 간 교육 격차가 확대되었다.

한편 일반 대중 또는 농민의 자녀 교육은 민간 중심으로 운영되는 사립학교나 사숙에 맡겨졌다. 공교육이 감당하지 못한 부분이 사람들의 자조적인 노력으로 메워지고 있었던 것이다.

## 3. 또 하나의 대중교육: 향촌건설운동을 둘러싸고

민국 시기에는 초등교육기관들이 순조롭게 발달하지 못했기 때문에 대중을 상대로 한 기초교육의 보급이 뒤떨어져 있었다. 그 간극을 메운 것이 사회교육이다.

민국 시기의 사회교육은 그것이 민간 활동으로 추진되었다는 것과 미국 유학에서 돌아온 자들을 중심으로 식자 학습이 중시되었다는 것을 특징으로 한다. 다시 말해, 도시 엘리트층과 농민층 간의 격차를 메우는 활동을 사회교육이 담당했던 것이다.

중국에서 5·4운동기에 민주주의 사상이 고취된 것은 교육계에도 큰 영향을 미쳤다(Keenan, 1977). 특히 1919년에 이뤄진 듀이의 방중을 계기로 민주주의 교육이론이 개화했고, 평민의 교육 수준 향상을 통해 사회 모순을 해결하려는 평민교육운동이 일어났다. 그중에서도 유명한 것이 옌양추[10]를 총간사로 하여 1923년에 결성된 중화평민교육촉진회中華平民敎育促進會의 활동이다(新保敦子, 1985a: 80~86).

---

10  쓰촨 성 바중(巴中) 현 출신으로, 지식인계급 가정에서 자랐고 부친이 개명적인 점도 작용하여 13세에 기독교단인 중국내지회(中國內地會)가 설립한 서학당(西學堂)에 입학해 영국인 선교사 밑에서 교육을 받았다. 이것이 계기가 되어 14세 때 기독교도로 개종한 다음부터 평생 경건한 기독교도로 살았다(宋恩榮·熊賢君, 1994: 1~35).

옌양추(1890~1990)
자료: zwbk.org

## 중화평민교육촉진회에 의한 사회교육운동

중화평민교육촉진회는 도시 중심부에 평
민학교를 세우고『평민천자과平民千字課』(4책,
96과, 약 300자)를 교과서로 하여 식자교육을
전국적으로 전개했다.

옌양추는 영국인 선교사에게서 교육받
은 기독교인으로, 1916년에 미국으로 유학
을 갔다. 1920년에 중국으로 돌아와 YMCA
에서 근무한 뒤 중화평민교육촉진회를 설립했다.

중화평민교육촉진회는 1920년대 후반에 "중국 교육의 근본 문제
는 농촌에 있다"는 생각에 도달했고, 1926년부터 허베이 성 딩定 현에
본거지를 정하고 이른바 '딩 현 실험'을 전개했다. 도시를 중심으로 한
평민교육운동이 농촌을 무대로 한 향촌건설운동鄕村建設運動으로 변모
해갔던 것이다.

그러나 딩 현으로의 이주에 따른 곤란도 많았고, 농촌 생활을 잘
견대내지 못하는 활동가도 적지 않았다. 그동안 도시지역에서 많은
급여를 받고 유복한 생활을 누려온 그 가족들에게, 외진 농촌 마을로
옮겨가 살아야 하고 목욕을 하려면 멀리 떨어진 시내로 나가야 한다는
것은 대단히 곤혹스러운 일이었다. 그 때문에 처음에 60명이던 활동
가가 40명으로 줄었다.

미국 유학을 다녀온 자는 당시 중국에서는 최고 엘리트로 꼽혔는
데, 그들이 농촌에 들어가려 한 것은 당시로써 획기적인 시도였다. 또

한 옌양추를 비롯한 활동가들이 도회지 생활을 버리고 농촌에 가서 사는 모습은 청나라 말기부터 민국 시기에 걸쳐 선교 활동을 위해 쓰촨 성이나 내몽고 등의 오지를 찾아 들어간 선교사들의 모습과 중첩되는 바가 있었다.

사실 경건한 기독교인인 옌양추가 실천한 것들은 기독교 단체의 중국 내 선교활동이라는 문맥에서 바라봐야 할 것이다. 옌양추가 미국으로부터 거액의 자금 지원을 받을 수 있었던 것은 그가 민중에게 독서를 보급해 중국 내에서 기독교 세력을 확대할 수 있는 인물로 기대되었기 때문이다.

### '모델 지구'로서 '딩 현 실험' 시도

그들의 '딩 현 실험'은 '우愚, 궁窮, 약弱, 사私'(지식의 결핍, 경제적 곤궁, 신체 허약, 공공심 결여)라는 중국의 4대 문제를 4대 교육(문예교육, 생계교육, 위생교육, 공민교육)을 통해 극복하자는 것이었다. 그리고 딩 현 실험으로 얻은 성과를 전국의 약 2000개 현으로 확대하는 것을 목표로 삼았다. 현 공산당 정권이 즐겨 사용하는 '모델 지구'의 초기 형태라 해도 좋을 것이다.

예를 들면, '문예교육'과 관련해서는 식자교육이 우선되었다. 평민학교는 학교에 다니지 않는 빈농·중농 집안의 12세 이상 비식자층을 대상으로 했는데, 학생의 평균 연령은 16세에서 18세였다. 하루에 약 2시간씩 학습하여 4개월로 『천자과千字課』(4책)를 수료하는 것을 목표로 했는데, 『천자과』에는 농업 상식이나 위생 상식 등 실용적인 내용 외에 일식이나 월식 같은 자연과학 지식도 담겨 있었다.

평민학교는 소학교에 부설되는 경우가 많았는데, 그런 경우에 교사는 소학교 교사가 겸임했다. 1927년부터 1934년 사이에 평민학교를 졸업한 학생이 십수 만 명 이상이었던 것으로 되어 있는데, 이는 결코 적지 않은 숫자다.[11]

1930년 당시 12~25세 청년의 비식자율은 74%였다. 그런데 모든 현에 평민학교가 설치되고 소학교가 건설된 덕분에 1934년에 이르러서는 14~25세 청년의 비식자율이 39%로 줄었다.

'딩 현 실험'은 미국의 록펠러 기금 등의 지원을 받았다고는 하지만, 한 민간단체가 이 정도의 대규모 사업을 전개해 전국적으로 알려지게 되었다는 것은 충분히 평가받을 만한 일이다.

그러나 미국으로부터 풍부한 자금이 지원된 돼지 품종 개량 실험은 산육량이 많은 신품종을 만들어내기는 했으나, 이는 키우는 데 사료가 아주 많이 들어가는 종이었다. 이 사례가 상징하듯이 '딩 현 실험'은 가난한 농민의 생활 현실에서 많이 동떨어진 것이었고, 구상은 장대했으나 그 성과는 빈약했다.

### 향촌건설운동의 이상과 현실
옌양추 외에도 향촌건설운동에 참여한 지식인이 적지 않았는데,

---

11 평민학교의 졸업생으로 활동에 찬성하는 사람들에 의해 동학회(同學會)가 조직되었다. 이것은 졸업 이후 계속 교육을 위한 조직으로, 순회문고(巡廻文庫) 등의 활동을 실시했다.

그 대표적인 인물로는 타오싱즈, 량수밍梁漱
溟, 위칭탕俞慶棠 등이 있다.

타오싱즈(1891~1946)
자료: news.163.com

타오싱즈는 민국 시기를 대표하는 저명
한 교육학자이자 교육실천가로, 소선생小先生
제도를 도입한 것으로 유명하다. 그는 미국
으로 가 듀이에게 사사해 듀이의 교육이론
의 영향을 강하게 받았다. 귀국 후 그는 농
촌 교육이 중국 교육의 가장 큰 문제이고 따
라서 농촌의 소학교 교사 양성이 필요하다
고 생각하여 1927년 난징 교외의 샤오주앙曉
莊에 시험향촌사범試驗鄕村師範(이듬해에 효장
사범曉莊師範으로 개칭)을 설립했다.[12]

량수밍(1893~1988)
자료: www.hudong.com

한편 중국의 전통에 뿌리를 둔 향촌건설
을 창도하고 실천한 지식인으로 량수밍[13]이
있다. 그는 전통적 인간관계를 존중하면서
농촌개혁을 행할 것을 주장해 산둥 성 저우
핑鄒平에 향촌건설학원을 설립했다(新保敦子, 1985b: 92~109).

또한 '민중교육의 어머니'로 알려진 위칭탕俞慶棠[14]은 1919년부터

---

12  효장사범에서는 자학자습과 토론, 농업노동을 주된 내용으로 했다.
13  1949년의 중화인민공화국 건국 후에도 중국에 머물렀는데, 1950년대에 량수밍
    비판이 대규모로 전개되어 실각했다. 문화대혁명 이후인 1980년에 부활하여 신
    유학의 오피니언 리더로 활약했다.

위칭탕(1897~1949)
자료: www.baike.baidu.com

1922년까지 미국에서 공부하고 귀국한 뒤 장쑤 성 교육청 사회교육과 과장에 취임했다(新保敦子, 2001b: 57~78). 이어 사회교육 전문직원 양성을 목적으로 한 고등교육기관인 장쑤성립교육학원 설립(1928년)에 진력했고, 후에는 그곳의 연구실험부 주임으로 활약했다(熊賢君, 1997).

　　민국 시기에 고등교육기관을 설립해 사회교육 전문직원을 양성한 것은 중국에서 확대되고 있던 격차를 해소하기 위한 시도로서 주목할 만한 일이다. 실제 장쑤성립교육학원의 교육과정은 3년의 학업과 1년의 농촌 실습으로 구성되어 있었고 졸업생은 대개 민중교육관 직원이나 사회교육 관련 행정직원이 되었다.

　　향촌건설운동은 민국 시기 고등교육기관이 그랬듯이 미국에서 유학하고 돌아온 이들이 핵심 역할을 맡았다는 점이 큰 특징이다. 예를 들면, 옌양추는 학부는 예일대학, 석사과정은 프린스턴대학에서 마쳤다. 타오싱즈는 콜롬비아대학 사범대학에서 박사학위를 취득했다. 또한 장쑤성립교육학원을 이끈 이들을 봐도 위칭탕은 콜롬비아대학 학

---

14　위칭탕은 격무를 수행하면서도 1남 4녀를 길러냈다. 대학교수인 남편과 저명한 국학자인 사위가 모두 실명했는데, 그녀는 그들을 헌신적으로 돌보았다. 그녀의 자식들은 "저렇게 훌륭한 어머니는 없다"라고 말했다. 중화인민공화국 건국 후 교육부 사회교육국 국장에 임명되었는데, 그 직후 뇌출혈로 쓰러졌다. 향년 52세였다.

사, 실험부 주임 리정李燕은 콜롬비아대학 철학 박사, 연구부 주임 멍
샨청孟憲承은 워싱턴대학 석사, 교원으로 활약한 레이페이훙雷沛鴻은 하
버드대학 철학 석사, 천리장陳禮江은 시카고대학 석사 출신이다. 미국
에서 유학하고 돌아온 이들의 네트워크가 이처럼 향촌건설운동을 뒷
받침하고 크게 발전시켰던 것이다.

향촌건설운동은 이러한 운동가들의 뒷받침을 받았기 때문에 일정
한 성과를 낼 수 있었다. 그러나 이상이 지나치게 높아 농촌 현실에서
동떨어졌다는 문제도 안고 있었다.

1937년 7월 7일 일제는 노구교 사건을 일으키고 화베이華北 일대
를 점령했다. 이에 따라 허베이 성 딩 현도 일본군의 통제하에 있게 되
자 중화평민교육촉진회는 딩 현을 떠났다.[15]

1930년대 전반에 절정에 달했던 향촌건설운동은 국토가 전쟁터
로 변하면서 실험 거점을 잇달아 포기할 것을 강요받았다. 포기하지
않은 실험 거점도 재정과 인력 면에서 어려움을 안고 있었다. 그 결과
향촌건설운동은 빠르게 종식되어갔다. 그리고 사회주의혁명 이후에
는 일시적으로 그들의 시도가 부정되었다. 향촌건설운동 추진자 다수
가 적국인 미국에서 유학한 경험이 있다는 것이 큰 이유였다.

---

**15** 그 후 1946년 이래의 내전 때 옌양추는 장제스에게 협력했고 미국의 대화원조
(對華援助) 법안의 입안자가 되었다. 1949년 이래 미국에 거주했는데, 마르코스
정권하의 필리핀에서 농촌건설운동을 전개하며 활약했다. 장제스 정권에 협력
했기 때문에 중화인민공화국 내에서 그에 대한 평가는 낮았지만, 문화대혁명 이
후인 1985년에 고향 방문이 성사되었다.

## 4. 사회주의 교육의 요람: 공산당 근거지에서의 대중교육 시도

1940년대에 농촌을 거점으로 하면서도 전혀 다른 교육이념에 바탕을 둔 시도가 있었다. 해방구에서의 대중교육이 그것이다. 해방구란 중일전쟁기에 공산당 통치하에 있던 근거지를 가리킨다. 장제스군에게 쫓긴 중국공산당은 장시 성의 징강산井岡山에서 시작된 장정 끝에 어렵사리 중국 서북부에 도착해 항일 근거지를 세웠다. 공산당 지도부는 샨간닝陝甘寧 변구邊區16의 중심에 있는 옌안延安을 수도로 삼았다.

당시 교육에는 크게 세 가지 특징이 있었다. 첫째로 사회교육이 중시되었고 농민을 대상으로 한 식자 학습이 강조되었다. 이 지역은 중국에서도 가장 빈곤한 곳들인 데다 문맹자가 압도적 다수를 점하고 있었기 때문에 주로 '라틴화 신新문자'(로마자 표기법)를 사용한 식자 교습이 행해졌다.

한자를 쓰고 익히기 편한 문자로 바꾸기 위해 청나라 말기에 여러 가지 문자가 고안되었다. 1918년에는 독음통일회讀音統一會가 주음자모 注音字母를 작성했고, 문학혁명이 제창된 후 로마자화 주장이 일어났으며, 공산당 관계자가 로마자 표기법을 개발했다. 이것이 '라틴화 신문자'다.

그런데 당시 해방구에서 사용된 라틴화 신문자는 평이 좋지 않았다. 겨울철에 신문자를 가르치는 '신문자 동학冬學'17이 설치되었는데

---

16  샨간닝 변구란 산시, 간쑤, 닝샤의 변경 지역을 일컫는다.

농민들은 "이왕에 문자를 배우는 것이라면 지식인이 사용하는 한자를 배우고 싶다"라는 뜻을 드러냈다. 그리하여 나중에는 한자 교습 중심의 식자운동으로 대체되었다.

둘째로, 당시 해방구에서는 대중을 능동적 존재로 파악하여 정책을 결정할 때 대중의 지혜를 활용하는 데 역점을 두었다. 그리고 정책의 실행도 대중의 힘에 의거할 것을 주장하는 대중노선이 채택되었고, 그 결과 대중의 생활에 뿌리를 둔 교육실천이 전개되었다.

예를 들면, 산시 성 옌안延安 근교에 있는 양가만楊家灣 소학에서는 공산당에서 파견한 도시 출신 젊은 여성 교사인 타오두안위陶端予가 농촌에 거주하면서 대중의 자발성에 바탕을 둔 학교를 운영했다. 당시에는 민중이 중심이 되어 운영하고 공산당이 교원 등을 파견해 지원하는 민영 공조 방식의 학교가 운영되었는데, 타오두안위는 농민과 아동의 생활실태에 대한 이해를 바탕으로 스스로 교재를 작성해 사용함으로써 사람들에게 좋은 평가를 받았다(齊藤秋男, 1951: 25~48).[18]

타오두안위는 읽고 쓸 줄 모르는 성인 여성을 대상으로 식자교육을 행했다. 여성 식자반에서 타오두안위에게서 문자를 배웠던 양잉楊英은 필자(신보 아쓰코)에게 이렇게 말했다. "당시 타오 선생님이 가르

---

17  동학이란 겨울철 농한기를 이용하여 농민들에게 문자를 가르치는 교육기관을 말한다.

18  타오두안위가 소학교 교사가 된 때로부터 40년 후인 1983년에 필자(신보 아쓰코)가 산시 성 옌안 시에 있는 양가만소학을 현장연구차 방문했는데, 타오두안위에게서 배웠던 학생이 당시 타오두안위가 사용했던 교재를 술술 외는 것을 보고 놀랐던 일이 있다(新保敦子, 2001a: 1~15).

쳐준 문자 대부분은 세월이 흘러 잊혔습니다. 하지만 '女'라는 문자는 결코 잊히지 않았어요. 화장실에 들어갈 때 틀리지 않고 들어갈 수 있어서 기쁘고, 그때마다 이 '女'라는 문자를 가르쳐준 타오 선생님 생각이 난답니다."

여성의 지위가 낮고 전족으로 고생하던 중국 서북부의 양잉에게 타오두안위는 분명 새로운 시대의 도래를 고하는 존재로 보였을 것이다. 실제로 농민에게 공산당은 읽고 쓰기를 가져다준 은인이자 희망의 별이었다. 항일전쟁 때부터 중화인민공화국 건국을 거쳐 현재에 이르기까지 농민이 공산당을 지지해온 데에는 이러한 배경이 있었다.

그리고 셋째로 중일전쟁을 승리로 이끌기 위한 교육이 행해졌다. 전통적인 식자 교재인『삼자경』에 항일 관련 내용을 삽입한『항일삼자경』이나 신문이 교재로 사용되었고, 직장이나 노동 단위에서 식자 활동이 전개되었다. 항일을 주된 내용으로 하는 식자 학습을 통해 "정의는 우리 쪽에 있고 우리 한 사람 한 사람이 일어나 일본인과 싸우지 않으면 안 된다"라는 식의 항전을 위한 동기 부여가 이루어졌다. 대중적인 의식의 각성이 중일전쟁과 국공내전을 끝까지 치러내기 위한 힘이 되었고 중화인민공화국을 건국하기 위한 에너지가 되었다.

이처럼 당시 해방구에서의 교육은 일반 대중에 대한 식자 교습을 중시했다는 점, 대중노선의 교육을 실시했다는 점, 민족주의 교육을 중시했다는 점 등 그 후 중화인민공화국의 교육정책이나 교육실천을 크게 규정짓는 특징을 갖고 있었다.

## 5. 맺음말

민국 시기에는 공교육이 총체적으로 빈약했다. 그 때문에 고등교육에서는 사학이, 초등교육에서는 사숙이 각각 공교육을 보충하는 역할을 수행했다. 그리고 개량주의에 입각한 사회교육뿐만 아니라 공산당 근거지에서의 혁명주의에 입각한 교육도 대중의 식자교육을 중시했는데, 이것도 공교육이 식자교육을 감당할 수 없었기 때문이다.

이러한 공교육의 결핍은 그것이 원인이 되고 또 결과가 되어 도시와 농촌 간 격차를 조장했다. 식자교육이 확산되면서 여성의 교육 참여도 서서히 진척되고는 있었으나 ─ 그리고 위청탕, 타오두안위 같은 여성도 교육개혁운동에 참가하기는 했으나 ─ 그것이 크게 변화하기 위해서는 '하늘의 반을 지탱하는' 여성 해방을 제창한 중국공산당의 정권 탈취를 기다리지 않으면 안 되었다.

# 제3장

# 격차 없는 교육 추구
## 사회주의 체제하의 교육제도

1949년에 중화인민공화국의 건국이 선언되었다. 그리고 같은 해 12월에 열린 제1차 전국교육공작회의에서 "교육은 국가 건설에 봉사해야 하고 학교는 노동자와 농민에게 문호를 개방해야 한다"라는 것이 확인되었다. 신중국 교육정책의 시작이다.

그러나 균질적 국민 창출과 엘리트 양성이라는 두 가지 과제를 동시에 달성하는 것은 혁명 후의 중국에서도 너무나 어려운 일이었다. 그뿐이 아니었다. 건국 후의 교육정책은 시행착오를 거듭했고, 정치적 조류의 영향을 받아 우에서 좌로, 좌에서 우로, 그리고 다시 우에서 좌로 노선 전환을 되풀이했다.

청소년 인구의 증가도 격차 없는 교육의 달성을 어렵게 했다. 1953년 제1차 인구센서스에서 7~12세 학령아동 인구는 약 6800만 명이었는데, 11년 후인 1964년에 시행된 제2차 인구센서스에서는 1억

1400만 명, 그리고 1982년 제3차 인구센서스에서는 약 1억 5000만 명으로 급속히 증가했다. 이것은 산아 제한을 적대시한 마오주의하의 인구정책 탓이 큰데, 젊은 층 인구의 급증에 대해 교육 인프라 정비가 따라주지 않음으로서 교육을 둘러싼 격차 또는 불평등을 극복하기가 대단히 어렵게 되었다.

## 1. 건국 초기 및 1950년대의 개혁: 소비에트 모델로의 전환

사회주의혁명 후 중국은 국민당 통치 시대의 제도와 결별하고 새로운 교육정책을 수립했다. 중화민국 시기에 중국의 고등교육 및 중등교육에서 일익을 담당했던 미션계 교육기관은 건국 직후 국가에 접수되거나 공립으로 이관되었다. 또한 기독교 선교사는 1951년까지 전원 국외로 추방되었다.

민국 시기에 기독교 또는 서양 제국이 중국에 끼친 영향은 컸다. 그 영향은 국가 지도층의 중추부에까지 미치고 있었다. 그런 까닭에 공산당 정권은, 국공내전 당시 국민당 정권을 돕고 한국전쟁에서도 적국이었던 미국의 영향력을 철저히 배제하려 했다.

그 결과 1920년대 이래 미국을 모델로 삼아온 중국의 교육제도가 사회주의혁명 후 소비에트를 모델로 한 교육제도로 큰 전환을 맞게 되었다.

## 학제개혁의 진전과 비식자율 감소

첫걸음은 1951년 '학제개혁에 관한 결정' 공포와 함께 내디뎌졌다. 국가의 근간을 이루는 노동자와 농민에게 문호를 개방하는 것을 목적으로 한 학제개혁이었다. 그때까지 노동자·농민을 위한 간부학교나 각종 보습학교, 훈련반 등이 공식적인 학교제도의 틀 밖에 놓였었는데, '학제개혁에 관한 결정'은 그러한 성인 교육기관을 조직화해 보통교육체계에 편입하는 것을 목표로 했다. 그 결과 노농속성교육이나 여가교육이 새로운 학제에서는 정규교육으로 간주되었다.

또한 1950년에서 1955년 사이에 많은 노농속성중학勞農速成中學[1]이나 노농업여학교勞農業餘學校[2]가 설치되어 다수의 노동자와 농민이 학교에 다니게 되었다. 중국에서는 학력에 의한 급여 격차가 일본 이상으로 크지만,[3] 학력 취득의 기회가 공평하게 주어졌다는 점에서 중국 교육 사상 획기적인 일이었다.

이에 더해, 노동자와 농민 다수가 비식자였기 때문에 중국공산당은 건국 직후부터 이들의 식자교육을 중시했으며, 1950년대에 중앙식자공작위원회中央識字工作委員會를 설치하고 '식자에 관한 결정'을 내놓았다. 식자교육은 국가적 교육정책의 위치를 부여받았고 범대중적인 식

---

1 근로 청년·성인을 위한 중등교육기관으로 3~4년제였다. 생산현장을 떠나 학습하는 것을 목적으로 했다.
2 중학교 수준의 학교와 고교 수준의 학교가 있었는데 모두 3~4년제였다. 여가를 이용해 배우는 것을 목적으로 했다.
3 이 점은 개혁개방 이후로도 변화가 없다. 이 책 제4장을 참고할 것.

표 3-1 **비식자자 수 및 비식자율 추이**

| 시기 | 총인구 | 비식자자 수 | 비식자율(15세 이상) |
|---|---|---|---|
| 1936년 | 4억 7,000만 명 | 2억 4,000만 명 | |
| 건국 초기 | | | 약 80% 이상 |
| 1953년 제1차 인구센서스 | 5억 8,000만 명 | | |
| 1964년 제2차 인구센서스 | 6억 9,000만 명 | 2억 6,000만 명 | 58.0% |
| 1982년 제3차 인구센서스 | 10억 1,000만 명 | 2억 3,000만 명 | 31.9% |
| 1990년 제4차 인구센서스 | 11억 3,000만 명 | 1억 8,000만 명 | 22.3% |
| 2000년 제5차 인구센서스 | 12억 7,000만 명 | 8,700만 명 | 9.1% |

주: UNESCO 기준(15세 이상 인구 중 비식자자 비율)에 따른 비식자율임. 다만 1964년의 수치는 13세 이상 성인 중 비
  식자자 비율이며, 1982년의 수치는 12세 이상 인구 중 비식자자 비율이고, 1990년과 2000년의 수치는 15세 이상
  인구 중 비식자자 비율임.
자료: 敎育年鑑編纂委員會(1948: 1483);「寧夏敎育年鑑」編寫組(1988: 78); 中國社會科學院人口硏究中心(1987: 315);
  國家統計局人口統計司(1993: 438); 國務院 人口普査弁公室·國家統計局人口和社會科技統計司(2002: 633).

자운동이 전국적으로 전개되었다.

1956년에는 한자간화방안漢字簡化方案에 따라 한자의 간체화를 주
된 내용으로 하는 문자개혁이 이루어졌다.[4] 읽고 쓰지 못하는 사람에
게 획수가 많고 복잡한 한자를 배우는 것이 쉽지 않은 일이었기 때문
에 취해진 조치였다. 그리고 간체자의 사용과 함께, 1958년에는 한어
병음방안漢語倂音方案에 따라 한어의 발음을 표기하기 위해 알파벳 채용
이 결정되었다.

이처럼 식자운동과 문자개혁이 동시에 추진됨으로써 비식자율이
급속히 낮아졌다(〈표 3-1〉 참조).

---

[4]  간체자 채택에 발맞춰 한자를 쓰는 순서도 쓰기에 쉽도록 일률적으로 개정되었
  다. 이로써, 예컨대 '右(우)', '左(좌)'가 일본에서는 'ノ'부터 쓰거나 'ㅡ'부터 쓰는
  식으로 쓰는 순서가 다르지만, 중국에서는 일률적으로 'ㅡ'부터 쓰게 되었다.

개혁개방 후 세계의 공장이 된 중국의 급성장을 뒷받침한 것은 무엇보다 언어의 통일이었는데, 식자운동과 간체자에 의한 문자개혁은 그런 의미에서 중국 역사상 획기적인 사업이었다.

### 고등교육에서 미국 모델 배제

한편 사회주의 건설을 위한 기술자 양성도 시급한 과제였다. 전문가나 기술자, 간부를 효율적으로 육성하고자 고등교육이 중시되었고, 그리하여 초등·중등교육의 개혁에 앞서 고등교육의 개혁이 이뤄졌다. 이것은 민국 시기의 특징을 이어받은 것인데, 거기서 더 나아가 초등교육이 유상인데도 고등교육의 무상화가 단행되었다.

1952년부터 대학을 통폐합하여 국가에 필요한 인재들을 계획적으로 양성하는 것이 추진되었다.[5] 이 과정에서 단과대학을 중심으로 공업 발전을 위한 인재를 양성하는 소비에트 방식이 도입되어 베이징철강공업학원北京鐵鋼工業學院, 베이징항공공업학원北京航空工業學院, 베이징지질학원北京地質學院 등 공학계·자연과학계의 단과대학이 설립되었다(大塚豊, 1996: 125). 이와 동시에 미국의 영향을 불식하고자 옌징燕京, 진링金陵, 링난嶺南 등 미선계 교육기관의 교명이 말소되었고, 사립학교는 국가에 접수되었다.

원계(학과) 조정 과정에서 법률·정치·경제 등 문과계열, 특히 사

---

5 이를 원계 조정이라 한다. 기존의 모든 대학을 대상으로 동일 분야의 중복을 철저히 배제하면서 합병·폐지를 전국적 규모로 시행했다.

회과학계열의 많은 학과가 심각한 타격을 받았는데, 이는 국가 운영에 큰 피해를 주었다. 예를 들면, 사회학은 '부르주아 학문'이라 하여 폐지를 강요받았는데, 이로써 사회학은 문화대혁명이 종료할 때까지 오랜 기간 공백기를 보내야 했다.[6]

교육 내용과 관련해서는 소련을 모델로 한 교학계획을 제정해 교육과정을 바꾸고 교과서를 편집하는 작업이 이루어졌다. 국어나 영어 교과서에 마르크스·레닌주의나 마오쩌둥 사상에 바탕을 둔 내용이 편입되었고, 그 밖에 '정치' 과목이 신설되어 청년 및 학생에 대한 사상교육이 강화되었다.

국민경제 회복 시기(1950~1952년)와 제1차 5개년계획기(1953~1957년)에는 교육건설이 도시를 중심으로 비교적 순조롭게 진행되었다. 그러나 1957년에 반우파 투쟁이 확대되고 교육현장에서 정치운동이 중시되면서 많은 교사가 우파로 단정되고 박해를 받았는데, 이는 교육사업의 후퇴를 가져왔다.

1945년에 만주에서 태어나 패전의 혼란 속에 아버지와 헤어져 중국인으로 자란 시탸오정西条正은 양부가 우파로 낙인찍혀 실각당하고 자신을 눈여겨본 담임교사도 투쟁대회에서 우파 분자로 단죄당하는 모습 등을 극명하게 기록한 책을 남겼는데(西条正, 1978: 60~61), 지나친 정치화가 교육의 정상적인 성장을 저해하는 구조가 만들진 것이 대

---

**6** 사회학이 부활한 것은 1979년의 일이다. 2009년에는 중국사회학회 연차대회에서 사회학 부활 30주년을 기념하는 각종 학술회의가 열렸다.

체로 이 시기였다고 할 수 있다.


## 2. 대약진 시기 대중노선: 중국적 독자성 모색


국제관계로 눈을 돌리면, 1957년 말경부터 중국과 소련 간 균열이 겉으로 드러나게 된다. 그때까지 중국은 소련을 모델로 하면서 질을 중시하는 정규화 노선을 채택했었는데, 대립이 심화되면서부터는 대중노선에 입각한 독자적인 교육제도를 모색했다. 또한 1958년부터 1960년까지 이어진 대약진 기간에는 마오쩌둥의 노선에 따라 교육의 대중화와 사상교육 및 정치운동에 대한 적극적인 참여가 강조되었다.

먼저 1958년 9월에 '교육공작에 관한 지시'가 내려졌다. 여기서는 "교육은 프롤레타리아트의 정치에 봉사해야 하고 교육은 생산노동과 결합해야 한다"라고 하면서 교육을 정치·경제에 봉사하는 것으로 규정했다.

또한 기업이나 새로 조직된 농업합작사[7]에 대해 다양한 학교를 창설할 것을 제기했는데, 그 결과 반공半工(반농半農)·반독半讀[8]의 민영학교가 보급되었다.

민영학교는 제한된 국가 예산 때문에 채택된 방식인데, 합작사 조

---

[7]  1950년부터 전개된 농업합작화 운동 중에 탄생했으며, 호조조(互助組)·초급합작사·고급합작사·인민공사의 네 단계를 거쳐 집단화가 완성된다고 했다.

[8]  예컨대, 월·수·금에는 노동하고 화·목·토에는 학습하는 형태의 학교를 말한다.

직화로 말미암아 처음으로 농민들이 직접 투자를 통해 학교를 설립할 수 있게 된 것이다. 소학교 수가 1957년 54만 곳에서 이듬해인 1958년에는 76만 곳으로 급증했는데, 이는 농민의 교육 의욕 향상이 반영된 것이다. 또한 기왕에는 국가로부터 급여를 지급받는 교사가 많았는데, 이 무렵부터 합작사나 기업이 자금을 갹출해 교사 급여를 지급하는 민영교사民營教師가 증가하기 시작했다.

반공(반농)·반독 방식은 대약진 시기의 노동력 부족에 대응하는 것으로, 재학생을 노동에 동원하기 위한 것이었다. 특히 반농·반독의 농업중학은 (그때까지 중학이 많지 않았던) 농촌지역의 소학교 졸업생들을 흡수함으로써 건국 이래 높아지고 있던 농민 및 그 자녀의 진학 욕구를 충족시키는 데 목적을 두었다.

그런 까닭에 "4~5년 사이에 소학교 교육을 널리 보급하고 15년 안에 대학교육을 널리 보급하자"와 같은 슬로건이 내걸어졌고 취학률이 급속히 높아졌다. 그 결과 〈그림 3-1〉에서 보듯이 소학교 학령아동 취학률이 1957년에 61.7%에서 1958년에 80.3%로 급증했다(中華人民共和國 教育部 計劃財務司, 1984: 226).

그러나 졸업자 수는 그리 많지 않았다. 1958년의 소학교 입학자는 3000만 5000명이나 되었으나, (5년으로 초등학교를 졸업했다고 가정하여) 1963년의 졸업자 수를 보면 476만 명에 지나지 않았다. 그동안에 대량의 탈락자가 발생한 것이다.

그 배경에는, 1959년에 시작되어 3년간 계속된 자연재해와 더불어 대약진과 인민공사화운동에 따른 과중한 노동 참가로 정상적인 교

그림 3-1 사회주의혁명 이후 소학교 학령아동 취학률 변화

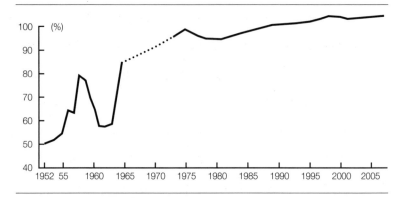

자료: 中華人民共和國 敎育部 計劃財務司(1984: 226); 中華人民共和國敎育部 發展規劃司(각 연도).

육활동이 이루어질 수 없었다는 사정이 있었다.

## 3. 1960년대 전반기의 '조정': 중점학교 제도를 둘러싸고

1958년부터 1960년까지 있었던 좌경화의 오류를 바로잡기 위해 1961년부터 교육의 '대약진'이 일시적으로 부정되면서 교육의 질적 향상 내지 교육활동의 강화가 추진되었다.

이 시기에 학령아동의 소학교 취학률은 1958년에 80.3%에서 1962년에는 56.1%로 떨어졌다(〈그림 3-1〉 참조). 그러나 졸업자 수와 연관을 지어서 보면, 1961년 입학자 수가 1647만 명이고 1966년 졸업자 수는 900만 명으로, 학업 유지 비율은 상승한 것으로 볼 수 있다.

한편 한정된 교육 예산을 효율적으로 배분하여 국가의 중견이 될 인재 양성을 목적으로 소학교·중학교·고교 각 수준에서 중점학교제도가 도입되었다.

　　1963년의 산둥 성에서 이루어진 조사에 따르면, 최중점 소학교는 소학교 전체의 3.4%, 최중점 중학·고교는 중학교 전체의 3.8%에 해당했다. 이 3%라는 수치가 당시 대학 진학률과 거의 같다는 것을 보아 알 수 있듯이, 당시는 최중점 소학교에 입학하지 않으면 최중점 중학·고교에 입학할 수 없고, 최중점 중학·고교에 입학하지 않으면 대학에 진학할 수 없는 상황이었다(山本恒人, 1985: 164).

　　그리고 중점학교 가운데 압도적 다수가 도시에 설치되었기 때문에 도시지역 학생이 농촌의 학생보다 고등교육에 접근할 기회를 훨씬 더 많이 부여받았고, 이는 곧 도시와 농촌 간 교육 격차를 키웠다.

　　1964년에 류샤오치劉少奇는 '2개의 교육제도'를 제창했다. 국가의 중견을 양성하기 위한 전일제 학교와 일반 대중을 교육하는 반공(반농)·반독 학교를 나눠 설치하여, 최소한의 국가 예산을 들여 대중의 최소한의 교육 요구를 충족시키는 동시에 효율적인 인재 양성을 도모하겠다는 것이었다.

　　그러나 실제로는 전일제 학교, 특히 중점학교에 예산이 편중적으로 배정되었고, 결과적으로 학교 간 격차가 확대되었다. 게다가 반공·반독 학교 학생들은 학생도 아니고 노동자·농민도 아닌, 불안정한 입장에 놓여졌다. 그리고 기업에 부설된 반공·반독 학교의 학생에게는 과중한 노동이 할당되는 경우가 많았다.

## 4. 문화대혁명 시기의 교육제도 혁명화: 마오쩌둥이 꿈꾼 평등주의

문화대혁명 시기에 중국은 마오쩌둥의 이념에 의거하여 교육과 노동의 결합을 시도했다. 도시와 농촌 간 교육 격차를 극복하려 했고, 노동자와 농민의 자녀에게 교육 기회를 확대하려 했다. 1960년대 전반기부터 좌로의 대전환이 시작되었던 것이다.

문화대혁명으로 사망한 자가 약 1000만 명, 피해를 당한 자가 약 1억 명이었다고 하는데, 문화대혁명은 중국의 전 국민에게 말로 다할 수 없는 고난을 안겨주었다. 그 때문에 이 시기의 교육에는 부정적인 측면이 많은 것이 사실이나, 교육 평등화 실현이라는 점에만 한정해서 말한다면 긍정적으로 평가해야 할 측면도 있었다.

문화대혁명 시기 교육의 특징을 정리해본다면, 고등교육 파괴, 보통교육을 중심으로 한 중등교육의 불균형적 발전, 초등교육 보급 등 세 가지를 들 수 있을 것이다.

### 고등교육 파괴

문화대혁명 시기 '교육개혁'의 초점 가운데 하나는 고등교육기관의 선발제도였다. 1966년부터 1969년까지 3년 동안 중국에서는 대학 입학시험이 폐지되어 학생 모집이 정지되었다.

1966년 6월 베이징 시 제1여자중학의 고급중학생이 마오쩌둥에게 편지를 보내 "현행 진학제도는 예전 과거제도에 비견됩니다"라고 비판한 것이 발단이 되어 대학입시가 연기되었는데, 사회주의혁명 이후로도 대학의 국가통일시험이 시행되고 있었던 만큼 대학입시 폐지는 문자 그대로 '혁명적' 사건이었다.

1970년 9월부터 대학이 다시 문을 열고 신입생을 받았다. 대학 신입생 모집은 본인의 지원, 지원자 소속 단위 대중(노동자, 농민, 군인)의 추천, 상급기관의 승인, 대학 측의 재심사라는 네 단계 절차로 진행되었다.

대중의 추천에서는 대상자의 출신이 중시되었는데, 대체로 '홍오류紅五流'(노동자, 빈농 또는 하층 중농, 혁명간부, 혁명군인, 혁명열사 군속)가 우대되고 '흑오류黑五流'(지주, 부농, 반동분자, 악질분자, 우파분자)는 차별을 받았다. 이처럼 인재 선별이 공평하지 않고 합리적 근거도 분명하지 않았는데,[9] 이것이 개혁개방 후 '공평한' 선발 규칙에 의한 대학입시를 부활시키는 계기가 된다.

문화대혁명 시기에 흡수합병 또는 폐교의 대상이 된 대학이 많았는데 그중에는 공장화된 것도 있었다. 예를 들어 중국인민대학, 중국의과대학, 화교대학 같은 유명 대학도 폐교되었는데, 이 때문에 고등교육기관이 1965년 434개 교에서 1971년 328개 교로 크게 감소했다.

문화대혁명 기간에 대학교수들은 부르주아 지식분자라 하여 홍위병의 공격을 받았다. 1965년에는 7800명이었던 전국의 교수 및 조교

---

9   모집 정원은 각 공장, 광산, 인민공사 같은 기층부 생산조직에 나누어졌는데, 정원을 배분받지 못한 조직도 있었던 탓에, 진학을 희망하지만 진학할 수 없는 이도 있었다(大塚豊, 2007: 97).

수가 1977년에는 5800명으로 감소했는데, 박해받아 목숨을 잃은 자도 많았다.

필자(신보 아쓰코)는 문화대혁명이 끝난 지 얼마 되지 않은 1981년에 베이징사범대학에 유학했었다. 베이징사범대학 정문 가까운 곳에는 10층 높이의 큰 건물이 들어서 있는데, "문혁 때 그 건물 안에 있으면 위로부터 자살하는 사람들이 떨어져 내렸다. 그 수가 너무 많아 나중에는 걱정하는 마음조차 사라지는 것이었다"라는 말을 교수에게서 들은 적이 있다.

그만큼 격렬한 투쟁이 전개되었는데, 그러한 불행한 기억을 불식하려면 개혁개방이라는 근본적인 정책 변경이 필요했다.

### 중등교육의 불균형적 발전

둘째로 중등교육을 보면, 문화대혁명 시기 이전에 이미 중등교육 모집 인원이 확대되고 있었는데, 이러한 모집 인원 확대는 주로 직업중학교를 중심으로 이루어졌다. 문화대혁명 시기에 직업중학·농업중학은 보통중학·고교와의 격차가 벌어졌다는 이유로 폐지되었다. 그리고 보통중학·고교의 모집 인원을 급격히 확대함으로써 단선형 교육노선을 취했다.

대중의 교육 요구를 공인하고 진학 요구를 자극한 결과, 문화대혁명 이전인 1965년에 673만 명이던 중등교육기관 모집 인원수가 1977년에는 3397만 명으로 급증했다.[10] 그 결과 1976년에 전기前期 중등교육기관 진학률[11]이 94%에 이르렀는데(南亮進·牧野文夫·羅歡鎭, 2008:

104), 이를 보더라도 그 증가세가 얼마나 빨랐는지 알 수 있다.

문화대혁명 시기에는 학교가 공장을 경영함으로써 근공검학勤工儉學, 즉 일하면서 공부할 수 있는 환경이 제공되었다. 그 때문에 학비나 잡비가 저렴하여 가난한 농촌 학생도 학교에 다닐 수 있었다. 그 결과 농촌 학생도 대학에 진학하는 것을 불가능하다고 여기지 않게 되었는데, 이러한 변화가 훗날 입시 경쟁을 불러온 한 요인을 만들었다.

이처럼 진학률이 증가한 데 비해 졸업생을 흡수할 근대적 업무는 적었기 때문에 고교를 졸업하더라도 일자리를 찾기 어려워 청년실업이 큰 사회문제로 떠올랐다.

일반적으로 고졸 및 대졸 미취업 청년은 사회불안의 씨앗이 된다고 한다. 사실 당시 중국은 중등교육정책을 통해 대량의 고졸자를 만들어내고 있었을 뿐 그들의 고용 문제를 진지하게 생각하지 않았다.

문화대혁명 이후인 1982년에 실시된 제3차 인구센서스에 따르면, 15~19세 청년 가운데 직업이 없는 취업 대기자 비율이 15%에 달했는데, 이들은 수년 후 시장경제화가 시작되었을 때 이를 견인하는 역할을 맡으며 역사의 무대에 등장하게 된다.

---

**10**  보통중학의 학생 수는 1965년에 802만 9700명이었는데 1976년에는 4352만 9400명으로 증가했고, 보통고교의 학생 수는 1965년에 130만 8200명이었는데 1976년에는 1483만 6400명으로 증가했다.

**11**  중학교 입학자를 소학교 졸업자로 나눈 수치이다.

## 초등교육 보급률 증가

셋째로 초등교육에 대해서는, 문화대혁명의 전 단계에서 이미 상당한 보급이 이루어져 1965년 기준 소학교 취학률이 84.7%에 달했다. 초등교육은 문화대혁명 시기에도 비교적 순조롭게 발전하여, 1965년 9829만 1000명에서 1976년 1억 1838만 7000명으로 취학 아동 수가 꾸준히 증가했다.

그런 상황에서 중등교육기관 역시 급증하고 있었기 때문에 소학교 교사 가운데 상당수가 중등학교로 감으로써 초등교육에서 교원 부족 사태가 발생했고, 이는 무자격 교원이 민영교사라는 형태로 다수 채용되는 결과를 낳았다.[12] 그리하여 교사 집단의 질이 저하되었는데, 소학교 졸업자가 소학교에서 가르치는 일도 드물지 않았다.

게다가 독서무용론이 확산되는 등 학업에 대한 사회적 평가가 낮아지기도 하여, 학교를 졸업했다고는 하나 실제로는 그에 상응하는 수준에 이르지 못한 이도 적지 않았다. 이는 계급투쟁이 중요한 '수업'이 되는 등 기본적 지식을 배우는 것조차 어려웠기 때문이다.

그러나 1970년대 이후로는 초등교육 취학 아동 수 증가 등에 힘입어 문장언어가 널리 보급되었다. 문화대혁명 시기는 인구 이동이 되풀이된 시기이기도 하여, 대화언어에서도 공통어의 침투가 활발하게 이루어졌다. 홍위병들은 1966년 7월부터 12월까지 마오쩌둥을 알

---

12 소학교 교사 가운데 민영교사 수는 1965년에 175만 1000명(45.4%)이었는데 1977년에는 343만 9000명(65.8%)으로 증가했다(中華人民共和國 敎育部 計劃 財務司, 1984: 219).

현하기 위해 각 지방에서 베이징으로 몰려들었고 이어 전국 각지로 흩어졌는데, 이를 '경험 대교류'라 했다(梁麗儀, 1985: 236).

나아가 하방下方·하향下鄕이라 하여 수많은 도시의 지식 청년이 지방에 부임하여 학교 교사로서 교편을 잡았다. 그들은 방언이 아니라 베이징어를 표준으로 한 공통어를 사용했기 때문에 그것이 한편으로 공통어가 널리 보급되는 결과를 낳았다.

이처럼 기초교육의 보급에 따라 문장언어와 공통어의 보급이 동시에 추진됨으로써 비식자율이 서서히 줄어든 것이 문화대혁명기의 큰 특징이다. 〈표 3-1〉에서 보았듯이 1949년에 약 80%나 되었던 비식자율은 문화대혁명이 시작되기 전인 1964년에 58.0%로 줄었고 개혁개방이 시작된 1982년에는 31.9%로 떨어졌다. 일본의 메이지유신 시기에 일어난 초등교육 보급과 대화언어 통일이 중국에서는 이 시기에 일어났던 것이다.

타이완에서도 국민당 정권하인 1960년대에 국어화운동國語化運動이 일어났는데, 그 결과 중국 대륙과 타이완에 사는 중국계 주민들이 보통어(표준적인 중국어)로 의사소통하는 것이 널리 가능해졌다. 냉전 체제하에서 타이완해협을 사이에 두고 서로 대립하던 중국 대륙과 타이완에서 공통의 언어적 기반이 만들어졌다는 것은 역사의 아이러니라 하지 않을 수 없다.

### 문화대혁명 시기의 민족교육

끝으로 문화대혁명 시기의 민족교육에 대해 살펴보자.

소수민족 교육은 중화인민공화국 수립 이후 정치운동의 영향을 강하게 받아왔다. 특히 문화대혁명은 말 그대로 민족문화를 파괴하는 '혁명'이었는데, 홍위병들이 전국 각지를 '유격'하면서 소수민족의 문화나 종교, 교육을 파괴했다. 이 시기에 내몽고 등 소수민족지역에서는 한족의 인구 비율이 증가해 인구상으로도 한족이 다수가 되었다.

문화대혁명 시기에는 중국에서 민족 문제가 소멸했다고 하여 중앙 및 지방의 민족행정기관이 폐지되었다. 민족어는 '수정주의 언어'의 대명사가 되었고, 민족어로 쓰인 출판물도 거의 폐간 처분되었다. 그리고 많은 민족어 수업과 민족학교가 폐지되었다.

문화대혁명 이전에 네이멍구 자치구의 수도 후허하오터呼和浩特에는 몽골족 전용 소학교 및 중등학교가 10개가 있었다. 그런데 문화대혁명 시기에 민족학교에서도 "언어 통일을 이루자", "한어에 다가가자"는 슬로건이 제창되면서 한어가 필수과목이 되고 수업시간도 늘어났다. 그러나 학생들이 한어를 알아듣지 못하여 실질적으로는 교육을 빼앗기는 결과를 가져왔다고 한다(オドン・ゲレル, 1995: 67~83).

그 후 모든 민족학교가 폐교를 강요받았고,[13] 그 결과 수많은 몽골족 아동이 한어로 수업하는 교육기관으로 전교해야 했다.

이런 상황을 겪기는 몽골족 이외의 다른 소수민족도 – 정도의 차이는 있었지만 – 마찬가지였는데, 그 배경에는 국민 통합을 추진하려

---

[13] 몽골어 교사 93명 가운데 박해를 받은 3명이 사망했고, 55명은 학교에서 추방당했으며, 29명은 전근 조치되었다고 한다(烏蘭圖克·齊桂芝, 1990: 18).

는 중국 정부의 강한 의도가 있었다. 프롤레타리아트 주도로 새로운 문화를 창조하는 것을 지향한 '문화대혁명'이 평등교육을 추진한 나머지 — 그 결과 소수민족의 교육 수준이 상승했다고는 하나 — 소수민족의 독자적인 문화를 파괴하고 소수민족의 한화漢化를 진전시켰던 것이다.

### 교육의 평등화는 진척되었는가

그러면 교육을 둘러싼 격차 또는 교육 불평등의 극복이라는 진짜 중요한 과제는 어느 정도 달성되었을까? 이 질문에 답하기는 쉽지 않다. 이 시기에 관한 자료가 충분히 갖춰져 있지 않기 때문인데, 1990년대 후반에 시작된 전국 규모 조사들에 입각하여 개혁개방 이전 세대에 초점을 맞춰 당시 교육을 둘러싼 상황을 분석한 연구논문들이 최근 들어 조금씩 발표되고 있다.

이러한 연구성과들을 종합해보면, 당시 교육 평등화와 관련해 다음과 같은 특징을 발견할 수 있다.

첫째, 문화대혁명 시기에 교육을 받은 이들의 교육 달성에 가정이 미친 영향은 전체적으로 낮았다. 2001년에 중국사회과학원 사회학연구소가 전국 규모로 행한 조사의 데이터를 사용해 출신 연대별 분석을 행한 리춘링(李春玲, 2004)에 따르면, 조사 대상자의 교육년수를 종속변수로 하고 부친의 직업, 부친의 학력, 14세 때의 세대 소득 및 가족의 계급성분을 독립변수로 삼아 회귀분석을 해본 결과, 1961년부터 1970년 사이에 태어난 세대는 독립변수에 의한 효과가 작은 것으로 나타났다(〈그림 3-2〉 참조).

그림 3-2 교육년수에 대한 가정 배경의 영향

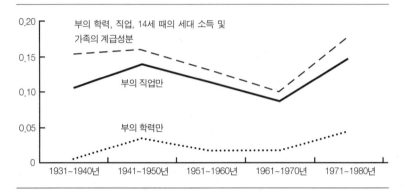

주: 세로축은 R2(결정계수)의 값으로, 수치는 0에서 1까지 추이하며, 수치가 높을수록 독립변수에 의한 설명력이 높음을 나타냄. 가로축은 조사 대상자가 태어난 연대임.

　　1961년부터 1970년 사이에 태어난 세대는 1970년대에 기초교육을 받는 것으로 계산되는데, 문화대혁명 시기에 기초교육을 받은 이의 교육 달성에 가정이 미친 영향은 작았다고 해석할 수 있다. 중국인민대학 사회조사센터가 1996년에 행한 전국 조사 자료를 사용한 류징밍(劉精明, 2004)은 조사 대상자의 세대를 더욱 세분해서 살펴본 결과, 문화대혁명 초기에는 가족의 영향이 작았지만 후기에는 다시 커졌다는 사실을 밝혀내고, 교육을 통한 계층 재생산 능력이 강하다는 것을 지적했다. 이러한 경향은 개혁개방 후에 더욱 뚜렷해진다.

　　둘째, 사회주의 체제하에서 수립된 제도가 서서히 새로운 교육 불평등을 만들어냈다. 구체적으로 보면, 호적제도 도입과 단위제도 확립에 따라[14] 호적 신분(도시 호적을 가지고 있는지, 농촌 호적을 가지고 있는지), 당안檔案 신분(공공부문에서 높은 지위에 위치하고 있는지), 정치 신

그림 3-3 1980년대 이전의 계층구조와 사회이동 경로

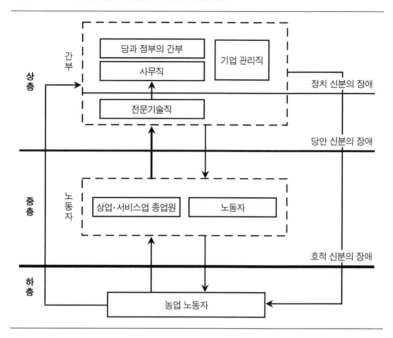

자료: 李春玲(2005: 118).

분(공산당원인지) 등이 교육 달성에 영향을 미쳤다.

리춘링(李春玲, 2005)은 데이터 분석을 통해 1980년대 이전 중국 사회의 계층구조 및 세대 내에서의 이동 패턴을 〈그림 3-3〉과 같이 유형화하여 호적, 당안, 정치 등 세 요소가 계층구조를 규정했다고 밝혔는데, 계층 간 이동을 위해서는 ─ 당연한 일이지만 ─ 고학력이 필요했

---

**14** 1950년대 후반부터 계획경제의 철저화를 위해 사람들의 지역 이동을 제한하는 정책이 나왔는데, 대표적인 것이 호적제도와 단위제도이다.

다(Zhou et al., 1997).

대학입시제도가 폐지되고 간부 등용 시 당에 대한 충성도가 중시되면서 학력 경쟁의 발생이 의도적으로 억제되었기는 하나, 사람들은 학력의 중요성을 강하게 의식했다. 이러한 사정을 이해해야 비로소 개혁개방 후 학력사회가 탄생한 것을 이해할 수 있다.

## 5. 맺음말

마오쩌둥이 꿈꾼 격차 없는 교육제도의 실험은 초등교육이 보급되고 비식자율이 감소하는 성과를 거뒀지만, 이와 동시에 고등교육이 파괴되고 중등교육이 불균형적으로 발전하는 부작용도 가져왔다. 균질적 국민 창출과 엘리트 양성이라는 두 가지 국가적 과제는 '홍紅'(공산주의적인 것)과 '전專'(전문적인 것)의 대립구조 속에서 정쟁의 도구가 되었는데, 문화대혁명에 의해 그 혼란이 극에 달했다.

문화대혁명이 종식된 이듬해인 1977년에 권력 탈취에 성공한 덩샤오핑은 대학의 국가통일입시를 부활시켰는데, 많은 교육 관계자에게 이것은 '따사로운 봄날의 도래'(改革開放30年中國教育改革與發展課題組, 2008: 3)를 의미했다. 그렇지만 따사로운 봄날이 여름날의 땡볕으로 변하기까지는 그리 오랜 시간이 걸리지 않았다.

제4장

# 학력사회의 탄생
### 개혁개방이 가져온 '전통 회귀'


## 1. 시장경제의 도입과 능력주의적 가치관의 대두


1976년에 중국에서는 문화대혁명이 종식하고 덩샤오핑이 공산당
내 권력투쟁을 거쳐 권력을 장악하는 데 성공했다. 그리고 1978년 제
11기 삼중전회에서는 '4개 근대화'가 제창되었는데, 이는 1984년 제12
기 삼중전회에서 '경제체제개혁에 관한 결정'이 이뤄짐으로써 중국에
서 시장경제화가 일어나도록 이끈 결정이라고 할 수 있다.

왜 이러한 노선 변경이 이루어졌을까? 사회주의를 실현하는 데
필요불가결한 생산력 증강이 마오쩌둥 노선으로는 실현될 수 없었기
때문이었다. 아니, '계급투쟁에 몰두하는' 극좌주의로는 경제가 발전
하기는커녕 오히려 후퇴한다는 것이 덩샤오핑의 기본 인식이었다.

그뿐 아니라 타이완해협을 사이에 두고 대치하고 있는 타이완의
국민당 정권이 1960~1970년대에 뛰어난 경제성장을 거둔 것도 공산

당 내부에 강한 위기의식을 불러일으켰다.

### 격차 용인론으로서의 선부론

당시 중국에서는 뭔가 손을 쓰지 않으면 생산력 향상을 기대할 수
없었다. 그러나 계급투쟁의 기억이 생생하게 살아 있었기 때문에 "시
장경제화를 추진하겠다"라고 외쳐도 사람들이 따라주지 않고 눈치만
보았다. 게다가 도시민은 최저한의 생활이 보장되었기 때문에 위험을
무릅쓸 필요성을 느끼지 않았다.

이러한 어려움에 부딪힌 덩샤오핑은 선부론先富論이라는 획기적인
아이디어를 내놓았다. 선부론이란 "최종적으로 모두 평등하면 되는
것인 만큼 처음부터 평등을 추구할 필요가 없으며, 모든 이가 풍요롭
게 사는 이상에 다가서기 위해 먼저 부유해질 수 있는 이를 부유하게
만들자"라는 사고방식이다.

"필요에 따라 취한다"는 공산주의는 단기간에 실현할 수 없다. 국
력을 증강시키려면 먼저 "능력에 따라 취하는" 사회주의를 목표로 해
야 하고, 그 과정에서 어느 정도 격차가 생기는 것은 어쩔 수 없다. 그
러한 격차는 생산력이 증대되어가는 과정에서 조만간 해소될 것이다.
선부론에는 이러한 뜻이 담겨 있었다.

주장의 타당성 여부는 차치하고 일부 사람들, 특히 도시의 좋은
직장에 취직하지 못한 사람이나 출신계급이 나쁜 사람에게 선부론은
기사회생의 기회를 제공했다. 그들은 시장경제화가 수용된 덕분에 그
들의 얼마 안 되는 자금을 이용해 사업을 시작할 수 있었던 것이다.

1980년대 초에 영세 경영자 가운데 많은 사람이 기업에서 해고되거나 농촌으로 하방된 자였고, 그중에는 노동개조소[1]에서 돌아온 이도 있었다(許欣欣, 2000: 173~175).

그렇지만 농촌에는 이전부터 부유해진 사람들이 있었다. 그들은 1970년대 후반부터 은밀히 시장경제적 활동을 해왔는데, 개혁개방이 시작되자 상품작물을 재배하거나 촌에 있는 공장 또는 식당의 경영을 맡아 이익을 올리는 등의 활동을 통해 서서히 부를 쌓았다.

이처럼 1970년대 말부터 1980년대 말까지 도시와 농촌의 각 주변부에서 시장경제화의 담당자들이 출현했는데, 덩샤오핑의 선부론은 결과적으로 시장경제화의 바로 앞 단계에서 해야 할 역할을 수행했던 것이다.

## 경제 발전을 떠받치는 인재의 육성이라는 과제

생산력 향상을 겨냥한 정책 변경은 당연히 교육제도에도 영향을 미쳤다.

당국은 1985년에 시장경제화에 친화적인 제도개혁에 착수했다. 중국공산당 중앙위원회의 '교육체제개혁에 관한 결정'이 공포되어, 중앙정부에 의한 거시적 관리의 강화와 함께 지방분권을 기조로 한 교육제도의 정비가 추진되었다. 경제건설을 위한 인재 육성이 국가적 프

---

1    노동개조소란 수형자의 재교육을 목적으로 한 노동강제수용소를 말하는데, 노동을 통한 사상 개조를 목적으로 했다. 일반 형사범뿐 아니라 사상범이나 정치범 등도 수용되었다.

로젝트가 된 것이다.

마키노 아츠시(牧野篤, 2006: 59~60)는 '교육체제개혁에 관한 결정'
이 국가 경제의 발전을 떠받칠 인재 육성을 제도적으로 담보하기 위한
것이었다고 하면서 다음과 같이 기술했다.

> 교육에 대한 중앙정부와 공산당 중앙위원회의 기본적 시각은, 경제
> 와의 상관관계 속에서 교육을 보려는 것, 다시 말해 "교육의 후진성은
> 경제의 후진성의 반영"인 만큼 "앞으로 교육은 지적 자원 개발의 주요
> 투자 부문이며 교육 투자는 경제적으로 가장 효율이 높은 투자"라고 이
> 해해야 한다는 것이었다. 그들에게 지적 자원으로서 인재는 고도의 전
> 문가만을 가리키는 것이 아니었다. 인재란 "경제 발전에 필요한 각 수준
> 의 각종 인적 능력"으로 정의되었고, "현대에 사람의 지식이나 재능은
> 점점 더 생산력 발전의 결정적 요소가 되고 있다"라고 인식되었다.

국가적으로 뛰어난 인재의 육성을 장려하고자 중국이 참고로 삼
은 것은 일본이었다. 청나라가 그 말기에 그러했던 것처럼, 근대 세계
를 급속히, 그리고 효율적으로 따라잡기 위해 일본을 배우려 했던 것
이다.

그런데 중국은 일본의 교육개혁 가운데 어느 부분을 모델로 하려
했을까? 마키노 아츠시(牧野篤, 2006: 77)에 따르면, "그것은 일본 고도
성장기의 학교교육 제도와 체계였고 그것을 떠받친 원리로서의 '능력
주의'(또는 인적 능력 개발정책)였다".

실제로 중국에서는 '능력 개발'이 교육현장의 키워드가 되었고, 후기 중등교육의 철저한 이원화 또는 중점학교제도를 통해 대학으로 이어지는 엘리트 코스를 구성하는 등 뛰어난 인재를 교육하는 데 초점이 맞춰졌다.

하지만 세상에는 뛰어난 인재가 있는가 하면, 그렇지 못한 사람도 있다. 능력주의의 도입은 능력이 있는 자와 없는 자를 확실하게 나누는 것을 전제로 하는데, 그 과정에서 큰 역할을 하는 것이 학교에서 치러지는 시험과 입학시험이다.

한편 사회주의 사회로서 평등을 추구하면서도 시장경제화에 따라 격차가 확대되는 모순적인 상황에 처한 중국 사람들에게 필요한 것은 그러한 격차를 시인하는 논리였다. 캐럴린 수(Hsu, 2007: 188~189)에 따르면, 노력하는 것과 노력하지 않는 것을 포함해 능력의 유무를 나타내는 '스즈素質'[2]라는 말이 개혁개방 후 중국에서 격차를 시인하는 이데올로기로 기능하기 시작했는데, 국가 프로젝트로서의 인재 육성 정책이 '더 부유해지고 싶다'는 욕망이나 다른 사람들로부터 자신의 능력을 인정받고 싶은 욕구(= 체면)와 결합하면서 아주 치열한 시험(입시) 지향성을 만들어냈다.

---

[2]  최근 중국에서는 시험 대책에 치우친 학교교육을 바로잡아야 한다면서 학생 개개인의 소질을 계발하는 데 목적을 둔 '소질 교육'의 중요성이 강조되기 시작했다. 그러나 현실적으로는 시험 대책을 추구하는 부모의 요구가 강한 탓에 '소질 교육'이 다시 수험 경쟁을 부추기는 역설적인 상황이 나타나고 있다.

### 격차 또는 불평등을 둘러싼 가치관의 변화

사실 개혁개방 후 격차 또는 불평등을 둘러싼 일반인의 사고방식에도 큰 변화가 있었다. 특히 변화가 컸던 것은 능력주의적 가치관이 내면화되고 기존의 절대적 평등주의가 거의 전면적으로 부정되었다는 것이다.

〈그림 4-1〉은 정치학자 이노구치 다카시猪口孝가 주축이 되어 실시한 '아시아 바로미터Asia Barometer'(www.asiabarometer.org)의 2006년 조사 결과인데, "일을 잘한 사람에게 그만큼의 소득이 돌아가는 것은 당연하다"는 말에 대한 반응을 나타낸 것이다.

조사 대상 지역 가운데 사회주의 체제를 취하고 있는 곳은 중국과 베트남 두 나라인데, 이 두 나라와 다른 나라들을 비교할 때 큰 차이는 없었다. 아니, 큰 차이가 없는 정도가 아니라, 중국과 베트남 양국에서 ─ 게다가 중국에서는 도시지역뿐 아니라 농촌지역에서도 ─ "일을 잘한 사람에게 그만큼의 소득이 돌아가는 것은 당연하다"는 말에 '매우 동의'라고 답한 자와 '동의'라고 답한 자를 합하면 90%에 가까웠다는 것은 능력주의, 즉 "일하면 일할수록 더 많은 소득을 얻는 것이 당연하다"는 사고방식이 체제를 뛰어넘어 아시아에 널리 수용되었다는 것을 보여준다고 해야 할 것이다.

〈그림 4-2〉는 같은 '아시아 바로미터'의 2006년 조사 결과인데, "경제가 불평등하게 발전하는 것보다 경제가 정체하더라도 평등한 사회가 바람직하다"는 말에 대한 사람들의 반응을 나타낸 것이다. 조사 대상 지역 가운데 "불평등은 바람직하지 않다"는 의견을 강하게 피력

그림 4-1 "일을 잘한 사람에게 그만큼의 소득이 돌아가는 것은 당연하다"

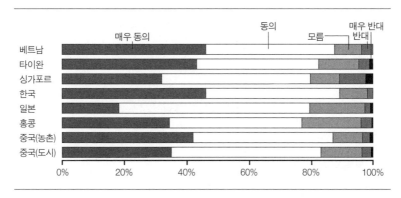

자료: www.asiabarometer.org(2006년 자료).

그림 4-2 "경제가 불평등하게 발전하는 것보다 경제가 정체하더라도 평등한 사회가 바람직
하다"

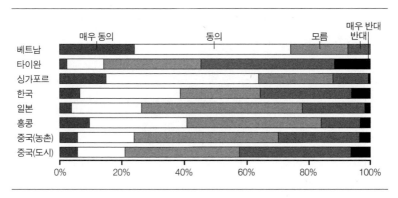

자료: www.asiabarometer.org(2006년 자료).

한 것은 베트남과 싱가포르뿐이었고, 중국은 그 밖의 지역과 큰 차이
를 보이지 않았다.

이처럼 시장경제화가 도입되면서 시작된 능력주의는 현재 중국인들에게 널리 수용되어 있다(菱田雅晴·園田茂人, 2005).

## 2. 학력사회의 탄생이라는 '전통 회귀'

### 로널드 도어의 『학력사회』

지금으로부터 30년쯤 전, 사회학자 로널드 도어가 집필한 『학력사회, 새로운 문명질환學歷社会 新しい文明病』의 일본어판(ドーア, 1978)이 출간되었다. 세계 각지를 석권하고 있던 학력 달성에 대한 정념을 객관적으로 분석한 이 책은 일본에서뿐 아니라 세계 여러 나라에서 읽혔는데, 도어는 이 책에서 특히 개발도상국에 존재하는, "대졸 자격을 따기만 하면 좋은 직장을 얻고 많은 급여를 받을 수 있다"라는 사고방식(= 학력 신앙)에 경종을 울렸다. 대졸자가 급격히 늘어나도 산업구조가 따라주지 않으면 대졸자는 자신에게 맞는 일자리를 얻을 수 없는 법이다. 그런데도 많은 사람들이 마치 열병에 걸린 것처럼 대학에 가려고 한다. 그뿐 아니라 입학시험에 합격하거나 졸업증을 따는 데에만 관심을 쏟을 뿐 본래 필요한 학습 자체는 소홀히 해버리는 문제도 있다.

이러한 왜곡된 구조를 설명하기 위해 도어가 사용한 것이 '후발효과'라는 개념이다. 그는 "개발도상국이 선진국을 따라잡기 위해 근대적인 제도를 가져오기는 하지만, 그것들을 떠받쳐 줄 객관적인 환경이 갖춰지지 않아 이것이 학력 신앙을 만들어낸다"라고 논하면서 이것을

'후발효과'의 하나로 설명했다. 그런데 흥미로운 것은 1970년대에 발간된 이 책에서 도어가 "마오 주석의 로맨틱한 유교적 이상주의"에 상당한 공감을 표명하면서(ドーア, 1978: 318) 중국은 그 예외적인 경우에 해당한다고 칭찬했다는 점이다.

그렇다면 '유교적 이상주의'란 무엇일까? 도어는 그것을 ① "사회적 선별이 학교의 학력평가 이외의 것들로써 보완된다", ② "권력이라는 보상을 다른 보상들로부터 떼어낸다", ③ "지능이 이욕 달성을 위해서가 아니라 생산적 자기 달성을 위해 이용된다", ④ "권력과 위신, 부의 분배가 일치하지 않도록 의도적으로 조작된다" 등 네 가지 특징으로 설명할 수 있다고 했다.

확실히 중국에는 일시적으로 대학입학시험을 폐지하고 빈곤층 출신의 사람들을 추천에 의해 대학에 보내던 때가 있었다. 대학에 들어가려면 농촌이나 공장에서 노동을 경험해야 했고 수많은 젊은이들이 농촌으로 하방되었는데, 이러한 것들은 학력 달성이 만들어내는 왜곡을 의도적으로 시정하려는 시도였다고 해석할 수 있다.

### 고등교육의 부활과 진학률 제고

그러나 개혁개방 이후 고등교육이 부활하는 과정에서 다양한 변화가 생겨났다.

첫째, 이전까지는 대학 진학률이 낮고 고등교육이 일부에게만 허용되었으나, 이제는 진학률이 높아지면서 많은 사람에게 대학 진학이 좀 더 흔한 일이 되었다.

그림 4-3 1990년대 이후의 교육 수준별 입학률

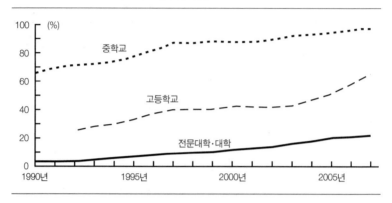

자료: 中華人民共和國 敎育部 發展規劃司(2008: 15).

〈그림 4-3〉은 1990년 이후의 교육 수준별 입학률을 나타낸 것인데, 최근 들어 고등교육[3] 진학률이 급속히 상승해 2007년 기준으로 23.0%에 달했다. 특히 도시지역에서 빠른 변화가 나타났는데, 세대별 대학 진학률을 보면 중국 사회의 거대한 변화를 감지할 수 있다.

〈그림 4-4〉는 톈진, 충칭, 상하이, 광저우 등 네 도시에서 실시된 조사(이하 '네 도시 조사'로 표기)의 제2차 조사 결과를 나타낸 것인데, 4000명이 조금 넘는 대상자 가운데 20대에 한정해서 보면 30% 이상이 대졸 이상인 것으로 나타난다. 그리고 40대 후반부터 50대 후반 부분에 작은 '골짜기'가 형성되어 있는데, 이것은 문화대혁명에 따른 고

---

**3** 여기서 '고등교육'이라 할 때에는 대학 외에 3년제 전문대학을 포함한다. 특별한 말이 없는 한 이 책에서 '대학'이라 하면 4년제 대학을 의미한다.

그림 4-4 **도시지역의 연령별 대졸자 비율**

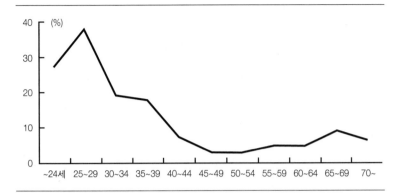

자료: 제2차 네 도시 조사(2005~2006년).

등교육의 정체와 혼란 때문에 일시적으로 대학 진학률이 낮아졌던 것을 보여주는 것이다. 그들은 문화대혁명으로 고등교육 기회를 박탈당한 '상실된 세대'인데, 그 자녀들이 지금 대학교육을 받기 위해 가혹한 학력 경쟁에 뛰어들고 있다. 25~29세에 큰 산이 형성된 것은 바로 그 때문이다.

도시지역 대학 진학률 변화는 중국 교육정책의 변화를 반영한 것이기도 하다.

1980년에 1% 정도였던 고등교육 진학률이 1990년에 3.4%로 상승하는 등 개혁개방의 상반기 중에도 완만한 속도이기는 하나 고등교육의 일반화가 진행되고 있었다. 그런데 1999년을 기점으로 이러한 상황이 크게 바뀌었다. 고등교육기관의 정원이 108만 명이었던 것이 1998년에 156만 명으로 거의 1.5배 늘어난 것이다.

고등교육이 이처럼 빠른 속도로 대중화하면서 고등교육 진학률이 두 자릿수를 기록하게 되었는데, 그렇다면 1999년에 왜 그러한 정책이 수립되었던 것일까? 이 질문에 대해 중국에서는 ① 부족한 인재 수요에 대응할 필요가 있었던 것, ② 대중 사이에 고등교육에 대한 수요가 있었던 것, 이 두 가지 이유 외에도 ③ 당시 실업률이 계속 상승해 정책적으로 대응해야 했던 것, ④ 국내 경제가 정체되어 내수를 자극할 필요가 있었던 것 등을 지적했다(改革開放30年中國敎育改革與發展課題組, 2008: 188~192). 요컨대 1998년 당시 거의 8%에 달했던 높은 실업률을 해결하는 동시에 경제적으로 새로운 국민적 수요를 불러일으키기 위해 고등교육 시장의 확대를 도모했다는 것이다.

이러한 정책 전환의 배경에는 1990년대 말 아시아 경제위기가 있었는데, 중국의 고등교육이 시장경제를 배제하고는 존재할 수 없다는 것을 보여주는 상징적인 사건이었다고 말해도 좋을 것이다.

### 급등하는 교육비

고등교육 부활에 따른 두 번째 변화는 지금까지 무상이었던 것이 유상으로 바뀌었을 뿐만 아니라 고등교육에 드는 비용이 급격히 상승했다는 점이다.

필자(소노다 시게토)가 처음 중국을 방문한 1984년에는 대학에 다니는 학생이 학비를 낼 필요가 없었을 뿐 아니라 대학에서 생활비까지 제공받았다. 그러던 것이 1990년대가 되자 일부 대학에서 학비를 받기 시작했고, 이제는 연간 5000위안(한화 약 80만 원 — 옮긴이) 정도의

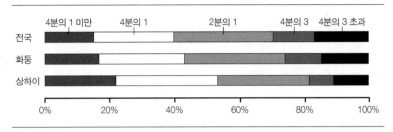

그림 4-5 **대학생을 둔 세대의 소득 전체에서 대학생의 학비·생활비가 차지하는 비율**

자료: 楊雄(2008: 269).

학비를 내지 않으면 안 되게 되었다.

　비용은 학비에 한정되지 않는다. 많은 학생이 자신의 출신지가 아닌 곳에 있는 대학에 진학하기 때문에 그곳에서의 주거비와 생활비, 고향집을 방문하는 데 드는 비용 등이 필요하다. 빈곤 지역에서 대학이 있는 도시로 나가는 데에 많은 비용이 소요되는 까닭에 의료비·주거비 급등과 함께 교육비 급등을 놓고 언론에서 한때 '3대 난제'라 하면서 떠들썩하게 다루기도 했다.

　자녀를 대학에 보내는 것이 가계를 어느 정도로 압박할까? 이 질문에 〈그림 4-5〉는 간명한 답을 보여준다. 2005년부터 2006년까지 전국 28개 대학에서 공부하는 학생 총 5600명을 대상으로 상하이 사회과학원 청소년연구소가 실시한 조사를 보면, 경제수준이 높은 상하이에서도 대학생을 둔 세대의 18% 정도가 "자녀의 학비와 생활비가 세대 소득 전체에서 차지하는 비율이 4분의 3 또는 그 이상에 달한다"라고 답했고, 전국 규모에서는 같은 답을 한 세대가 거의 30%에 달한다는 충격적인 결과가 나왔다(楊東平, 2008: 269).

또한 부유층 가운데에는 자녀를 고등교육에 이르게 하는 지름길로서 '귀족학교'라 불리는 사립학교 - 중등교육기관 중에 많다 - 에 보내기도 한다.[4] 연간 학비가 1만 위안(한화 약 160만 원) 정도인 학교가 대부분인데, 개중에는 8만 위안(한화 약 1300만 원)이나 하는 곳도 있다고 한다.

이처럼 저소득자나 고소득자 모두 자녀에게 양질의 교육을 제공하고자 함으로써 자녀가 있는 세대는 계속 교육비 지출을 늘려왔다. 1979년에 시작된 '한자녀정책'도 자녀에 대한 교육비 지출 수준을 높였다. 게다가 높은 수준의 경제성장이 이어지면서 "과잉 인구가 청소년에 대한 교육 투자를 저해한다"라는 마오쩌둥주의의 신조가 효력을 상실해갔다.

톈진 시 정기관측조사 결과에 따르면,[5] "자녀를 교육시키는 것은 중대한 일이다"라는 말에 "크게 동의" 또는 "대체로 동의"한다고 답한 이의 비율이 2008년에 49.6%, 2009년에 46.1%였는데 2010년에는 57%로 50%를 넘어섰다(〈그림 4-6〉 참조).

한 자녀를 둔 도시지역 부모가 자녀 교육에 많은 비용을 지출하고 있는 모습이 이들 수치에 응축되어 있다.

---

**4** 그렇기는 하나, 학비만 높고 좋은 대학 합격률이 높지 않아 차라리 공립 중점학교 쪽이 더 낫다는 등의 몇 가지 이유로 '귀족학교'들의 경영도 쉽지 않아졌다는 지적이 있다. http://edu.hsw.cn/system/2009/09/15/050307299.shtml

**5** 필자(소노다 시게토)는 2008년부터 톈진 시의 같은 지역을 대상으로 매년 조사를 실시해왔다. 이 조사는 인간문화연구기구(人間文化硏究機構)의 현대중국지역연구프로젝트 와세다 거점으로부터 재정 지원을 받고 있다.

그림 4-6 "자녀를 교육시키는 것은 중대한 일이다"(2007~2010년)

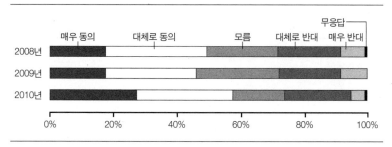

자료: 톈진(天津) 시 정기관측조사.

### 시장경제식 교육이념?

세 번째로, 고등교육을 떠받치는 이념이 크게 변화했다. 이전에는 사회주의 건설을 위한 인재 육성에 역점을 두었으나, 요즘에는 시장경제식 인재상을 추구하는 방향으로 바뀌었다.

1995년부터 대학의 관할이 국가 수준에서 지방 수준으로 분권화되었다. 정부는 고등교육에 대한 강력한 수요에 대응하고자 1998년부터 고등교육기관을 늘리기 시작했는데, 그 결과 대학 간 경쟁이 격화되었다. 동시에 글로벌 비즈니스나 무역 등 실무적 측면이 강한 학과나 학부가 많이 신설되었다. 중국은 유학생을 받고 보내는 두 측면에서 국제적으로 큰 존재감을 과시하게 되었다.

칭화대학의 구빙린顧秉林 학장은 ≪일본경제신문日本經濟新聞≫과의 인터뷰에서 칭화대학의 학술연구 방향으로서 기초연구와 함께 '시장 지향형' 연구가 중요하다고 지적했다(≪日本經濟新聞≫ 2010.5.17). 이를 통해서도 중국의 대학이 얼마나 변화했는지가 잘 드러난다.

표 4-1 **교육의 사회적 기능에 대한 평가(%)**

| | 1. 인간성을 풍부하게 한다 | 2. 원하는 직장을 가질 수 있다 | 3. 소득을 늘릴 수 있다 | 4. 해외에서 살 수 있다 |
|---|---|---|---|---|
| 중국(도시) | 42.9 | 59.3 | 66.0 | 5.6 |
| 중국(농촌) | 22.3 | 70.7 | 71.3 | 9.8 |
| 홍콩 | 24.1 | 80.3 | 72.2 | 18.4 |
| 일본 | 80.0 | 45.8 | 31.3 | 1.4 |
| 한국 | 73.0 | 71.7 | 40.0 | 8.5 |
| 싱가포르 | 34.1 | 74.0 | 66.7 | 13.8 |
| 타이완 | 30.2 | 74.0 | 68.4 | 11.1 |
| 베트남 | 59.0 | 63.4 | 48.7 | 11.3 |

| | 5. 지위를 높일 수 있다 | 6. 국가 발전에 기여할 수 있다 | 7. 사회에 도움이 된다 | 8. 국제적으로 활약할 수 있다 |
|---|---|---|---|---|
| 중국(도시) | 42.9 | 33.8 | 37.2 | 2.8 |
| 중국(농촌) | 41.6 | 31.6 | 37.8 | 7.3 |
| 홍콩 | 37.9 | 23.0 | 30.8 | 9.6 |
| 일본 | 23.4 | 23.1 | 40.0 | 12.3 |
| 한국 | 38.6 | 28.0 | 15.8 | 9.2 |
| 싱가포르 | 30.8 | 22.6 | 29.7 | 24.1 |
| 타이완 | 41.9 | 22.7 | 26.5 | 6.4 |
| 베트남 | 40.4 | 30.7 | 36.2 | 10.0 |

주: 답을 3개까지 선택하기 때문에 합계치가 100이 되지 않음.
자료: www.asiabarometer.org(2006년 자료).

또한 사람들이 교육에 거는 기대도 시장경제식으로 변했다. 〈표 4-1〉은 교육의 사회적 기능 여덟 가지를 제시하고 그중 응답자가 세 가지를 선택하게 하여 그 결과를 나타낸 것이다. 참고로 이는 '아시아 바로미터'의 조사에서 2006년부터 채택된 문항이다. 그렇다면 다른 나라와 비교해 중국은 어떤 특징을 보였을까?

첫째, "국가 발전에 기여할 수 있다"는 선택지를 택한 것이 32.7% 로, 다른 나라보다 조금 높게 나왔다.[6] 앞서 언급한 '네 도시 조사'에서 도 "당신이 생활하면서 가장 큰 관심을 기울이는 것은 무엇입니까"라 는 질문에 '국가의 대사'라고 응답한 자가 5~6%였던 것을 보더라도, 사회주의 건설의 인재 육성이라는 이념이 일부 아직까지 남아 있는 것 으로 보인다.

그러나 또 하나의 중요한 포인트는, "원하는 직장을 가질 수 있 다", "소득을 늘릴 수 있다", "지위를 높일 수 있다"와 같은, 교육을 사 회적 성공의 수단으로 보는 사고방식이 강하게 나타났다는 점이다. 이것은 공리주의적 교육관이라고 해야 할 것인데, 이러한 교육관이 강 한 것은 홍콩이나 싱가포르, 타이완 같은 다른 중국계 사회도 마찬가 지였고, 특히 농촌에서 그러한 경향이 강했다.

그러한 경향이 나타나는 데는 물론 원인이 있다. 고등교육을 받게 되면 농촌에서 도시로 이동할 기회가 늘어나고 더 나아가 도시 호적을 얻게 될 가능성이 커지기 때문이다. 실제로 고학력 농촌 출신자들은 다수가 농촌으로 돌아가려 하지 않기 때문에 결과적으로 고학력자들 이 도시에 모여 살게 된다.

---

**6**  그렇지만 '아시아 바로미터'의 2007년 조사 결과를 보면, 동남아시아 일부 국가 에서 중국이나 베트남 이상으로 높은 비율의 응답자가 "국가 발전에 기여할 수 있다"라는 선택지를 택한 것으로 나타난다. 라오스(55.2%), 타이(45.7%), 캄보 디아(44.8%), 말레이시아(41.0%) 등이 그러한데, 이를 보더라도 교육관과 정치 체제(특히 민주주의체제의 유무) 간에 상관관계가 있다고 생각된다.

그림 4-7 **도시와 농촌의 학력 구성 차이**

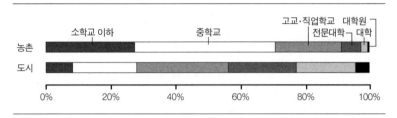

소학교 이하  중학교  고교·직업학교  대학원
전문대학  대학
농촌
도시

0%  20%  40%  60%  80%  100%

자료: www.asiabarometer.org(2006년 자료).

〈그림 4-7〉은 '아시아 바로미터'의 2006년 조사 결과를 나타낸 것인데, 이것을 보더라도 도시지역과 농촌지역 주민의 학력 구성이 '전혀'라고 말할 수 있을 정도로 서로 다르다는 것을 알 수 있다. 특히 대학 본과 이상의 학력을 가진 자의 비율을 비교해보면 도시가 22.6%인데 비해 농촌은 4%가 채 안 된다. 이는 농촌에서 인재가 상당수 배출되었어도 대학 진학을 계기로 도시가 그들을 흡수해버린 결과이다. 그 배경에 도시와 농촌의 경제적 격차, 도시와 농촌을 가르는 호적제도의 존재가 있다는 것은 말할 필요도 없다.

**도시지역에서 확대되고 있는 학력에 따른 소득 격차**

한편 도시 내부에서도 학력에 따른 소득 격차가 확대되고 있다. 〈그림 4-8〉은 네 도시 조사의 두 시점(1998년, 2006년)의 데이터를 이용해 학력별·성별 월소득 변화를 나타낸 것이다.[7] 이 그림을 바탕으로 다음과 같은 두 가지 점을 지적할 수 있다.

첫째로, 1998년과 2006년 모두 고학력자 쪽의 소득이 더 많고 그

그림 4-8 **학력별·성별로 본 도시지역 평균 월소득(1998~2006년)**

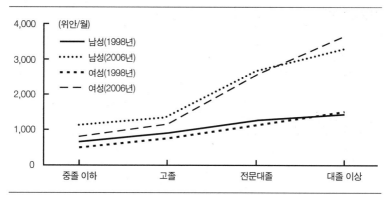

자료: 1·2차 네 도시 조사.

격차가 더욱더 뚜렷해지고 있다. 학력이 중졸 이하인 남성의 월소득
은 1998년에 617.7위안에서 2006년 1120.2위안으로 1.8배 증가했다.
그런데 학력이 대졸 이상인 남성의 월소득은 1998년 1398.9위안에서
2006년 3272.5위안으로 2.3배 증가해 상승폭이 상대적으로 크다. 즉,
월소득의 수준이 전체적으로 상승하기는 했으나, 학력에 따른 소득 격
차가 꾸준히 확대된 것은 분명하다.

　둘째로, 남녀 간 차이를 보면 학력이 같을 때 남녀 간 차이가 그리
크지 않은 것으로 나타난다. 다만 같은 여성이라도 최종 학력에 따라
큰 소득 격차가 발생하고 있다. 대졸 여성의 월평균 소득을 100으로

---

7　중국의 월소득 데이터에는 부소득이 포함되어 있지 않거나 과소 신고가 적지 않
　다는 등의 문제점이 있다는 것이 빈번히 지적된다.

표 4-2 **중국과 일본에서의 수입 결정**

| 중국 | 편회귀계수 | 표준오차 | 베타계수 | t | 유의확률 |
|------|-----------|---------|---------|------|---------|
| **(정수)** | 1.29 | 0.14 | | 8.99 | 0.00 |
| **학력** | 0.53 | 0.02 | 0.38 | 21.44 | 0.00 |
| **성별** | -0.18 | 0.04 | -0.08 | -4.47 | 0.00 |
| **연령** | 0.12 | 0.03 | 0.07 | 4.03 | 0.00 |

| 일본 | 편회귀계수 | 표준오차 | 베타계수 | t | 유의확률 |
|------|-----------|---------|---------|------|---------|
| **(정수)** | 3.14 | 0.09 | | 35.14 | 0.00 |
| **학력** | 0.23 | 0.02 | 0.14 | 10.21 | 0.00 |
| **성별** | -0.95 | 0.03 | -0.42 | -32.97 | 0.00 |
| **연령** | 0.07 | 0.01 | 0.08 | 5.66 | 0.00 |

주: 종속변수인 수입에는 4분위 항목을, 독립변수인 학력에는 중졸 이하, 고졸, 전문대졸(일본은 고등전문학교 및 단
과대졸), 대졸 이상의 4개 항목을, 성별에는 남성을 0, 여성을 1로 한 더미변수를, 연령에는 20대부터 70대 이상까
지 6개 항목을 각각 이용했다.
자료: 園田茂人(2008: 66).

할 때 중졸 이하인 여성의 월평균 소득은 1998년에 32.5, 2006년에
21.6으로 대졸 여성과 상당한 격차를 보인다. 다만 학력이 같을 때 남
녀 간 격차가 크지 않은 것으로 미루어보아 사회주의 체제하에서 추구
된 남녀평등 이념이 적어도 도시지역에서는 부분적으로 실현되었다고
말할 수 있다.

　두 번째 사안을 일본의 상황과 비교해 확인해보자. 〈표 4-2〉는
2005년 SSM 조사[8] 데이터와 제2차 네 도시 조사 데이터를 사용해 응
답자 소득의 4분위(상위 25%, 중상위 25%, 중하위 25%, 하위 25%)를 종

---

**8**　SSM(social stratification and social mobility: 사회계층과 사회이동) 조사란 일
　　본 사회학자들이 1955년부터 10년마다 실시하는 전국 규모의 계층 조사이다.

속변수로 하고 학력·성별·연령을 독립변수로 설정하여 독립변수가 어느 정도로 종속변수를 설명할 수 있는지 중회귀분석한 결과이다.

일본이나 중국 모두 고학력자·남성·고령자일수록 소득수준이 높다는 결과가 나오지만, 각 독립변수의 설명력에는 차이가 있다. 일본은 성별의 베타계수[9] 절대치가 0.42로 높아 성별의 설명력이 강한 반면, 중국에서 베타계수 절대치가 높은 것은 학력(0.38)이다. 획득한 학력에 따라 소득이 결정되는 정도가 높은 사회를 학력사회라고 부른다면, 일본보다 중국 쪽이 학력사회라 부르기에 적합하다.

중국의 고등교육은 개혁개방 이후 시장경제화와 글로벌화의 충격을 받으면서 꾸준히, 때로는 극적으로 변화해왔다. 그리고 고학력이라는 문화자본을 경제자본으로 치환할 수 있게 되었으며, 로널드 도어가 이상적이라고 말했던 상황과는 크게 다른 상황으로 바뀌어갔다.

## 3. '패자'의 설욕전: 수험 경쟁이 격화하는 이유

### 학력사회 비판이 일어나지 않는 풍토

일본의 학력사회론에 익숙한 독자들은 중국에서 '학력에 따른 소득 격차는 허용하기 어렵다고 생각할 것이 틀림없다'고 여기는지 모르겠다. 중국에 일부 그러한 의견이 있는 것은 확실하나, 전체적으로 보

---

9    표준화 편회귀계수로, 값이 클수록 설명력이 크다.

면 학력사회를 비판하는 분위기는 존재하지 않는다. 비판은커녕 많은 사람이 자식 교육에 지대한 관심을 기울이고 학업성적에 일희일비하는 것이 현실이다.

제2차 네 도시 조사에 따르면, "당신이 생활하면서 가장 큰 관심을 기울이는 것은 무엇입니까"라는 물음에 30~50대 계층은 학력과 상관없이 '자식 교육'을 들었는데, 이처럼 중국 사회 전반에 걸쳐 교육 문제에 대한 관심은 강하고 광범위하게 침투해 있으며, 교육에 대한 불신이나 학력사회에 대한 원망 또는 그로부터의 이탈이나 탈출 욕구는 아직 발견하기 어렵다.

그렇다면 왜 학력사회 비판이 일어나지 않는 것일까? 그 이유의 하나로, 그러한 현상이 뚜렷해진 지 얼마 되지 않았기 때문에 출신 계층이 학력 획득에 큰 영향을 미친다는 것에 대해 사람들이 아직 관심을 갖지 않고 있는 상황을 들 수 있다.

필자(소노다 시게토)와 대담을 나눈 중국사회과학원 사회학연구소의 리춘링은 "경제력과 학력 취득이 서로 결부되고 있습니다. …… 다만 이런 현상이 생긴 지 얼마 되지 않기 때문에 우리가 모은 1999년의 데이터로는 그것을 확증하기 어렵습니다"라고 하면서, 학력사회에 대한 비판이 생기기는 시기상조라는 견해를 드러냈다(園田茂人, 2008b: 11).

그런데 각종 데이터를 볼 때 다른 요인도 있는 것 같다. 〈그림 4-9〉는 일본인과 중국인을 상대로 각각 두 시점에(일본에서는 1995년과 2005년에, 그리고 중국에서는 1998년과 2006년에) 성별부터 자산까지

그림 4-9 **일본과 중국의 사회적 불평등에 대한 의식 비교**

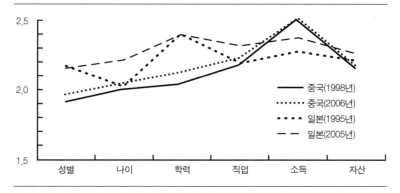

주: 점수는 1(심각하지 않다)부터 3(심각하다)까지 3점 척도로 측정한 결과임.
자료: 園田茂人(2008: 66).

여섯 개 항목을 놓고 "당신은 다음 각 항목에 관한 불평등이 현재 어느
정도로 심각하다고 생각하십니까"라고 묻고 이 질문에 '심각하지 않다
(1)', '보통이다(2)', '심각하다(3)'의 3점 척도로 답하게 한 결과를 그림
으로 나타낸 것이다. 점수가 높을수록 사람들이 불평등하다고 생각하
고 있는 것이다. 이 그림에서 우리는 몇 가지 흥미로운 사실을 발견할
수 있다.

첫째로, 일본에서는 학력이 소득에 중국만큼 큰 영향을 주고 있지
않는데도 학력이 불평등을 낳고 있다는 의식이 널리 퍼져 있다는 것을
알 수 있다.

둘째로, 그리고 이 점이 중요한데, 일본에서는 불평등에 대한 의
식이 약간의 변화를 보이는 데 비해 중국에서는 큰 변화를 보이지 않
는다는 점이다. 중국에서는 소득의 불평등에 대해서는 일관되게 큰

관심을 보이고 있으나, 학력에 대해서는 약간 엄중하기는 하지만 소득에 대해서만큼 엄중하게 바라보고 있지는 않다는 것이다. 요컨대, 학력사회에 대한 비판은 일본에서는 일반적이지만 중국에서는 그렇지 않다고 봐야 한다.

### '수험은 공평한 경쟁'이라는 인식

왜 그럴까? 학력에 대한 사람들의 시선은 왜 소득에 따른 사회적 불평등에 대한 시선에 비해 너그러운 것일까? 그 이유를 명확히 보여주는 것이 〈그림 4-10〉이다.

이 그림은 제2차 네 도시 조사에서 처음으로 작성된 데이터에 의거한 것으로, 시계열적인 변화를 보여주지는 못하지만[10] 중국의 도시 거주민들이 정당한 소득에 대해 어떻게 생각하고 있는지를 보여주는 흥미로운 자료다.

이 그림에서 '현실'로 표시된 막대는 "현재의 중국 사회에서 다음 어느 조건을 충족시키는 사람이 고소득자가 되는가"라는 질문에 대한 대답을 그래프화한 것이고, '이상'으로 표시된 막대는 "그러면 이상적으로는 다음 어느 조건을 충족시키는 사람이 고소득자가 되어야 하는가"라는 질문에 대한 대답을 그래프화한 것이다.

흥미로운 것은 '현실'의 점수가 높은 것이 '공직에 있는 사람'으로

---

10 1999년에 행해진 중국사회과학원 사회학연구소의 조사에서도 같은 질문이 사용되었는데, 이 조사 결과와 큰 차이가 없었다. 그런 까닭에 10년 정도의 기간에 큰 변화는 없었다고 볼 수 있다.

그림 4-10 **중국 고소득자의 이상과 현실**

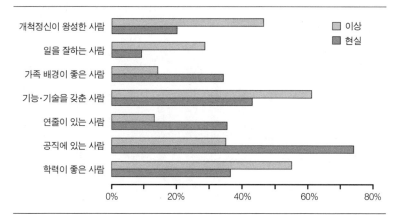

자료: 園田茂人(2008: 70).

그 수치가 70%를 넘는다는 점이다(74.3%). 그런데 '공직에 있는 사람'
이 고소득자의 이상적 조건인가 하면, 그렇지 않다. '이상'의 면에서
볼 때는 35.3%에 지나지 않아, 둘 사이에 40%p 이상 차이를 보인다.

　마찬가지로, '현실'에서는 고소득자를 만들어내었으나 이상적으
로는 고소득자의 조건이어서는 안 된다고 생각된 것이 두 가지가 있
다. 그 하나가 '연줄'이고, 다른 하나가 '가족 배경'이다. '연줄'이나 '가
족 배경'은 당사자가 노력하지 않고 얻은 것이라는 의미에서 속성주의
적 요인에 속하는데, 현대 중국인은 그러한 속성주의적 요인이 고소득
자의 조건이 되어서는 안 된다고 보고 자기 노력으로 획득한 요인에
대해서는 긍정적으로 보는 것이다.

　그러한 업적주의적 요인으로 간주되는 것의 하나가 '학력'이다.
따라서 사람들은 학력에 따라 소득이 결정되는 것에 이의를 제기하지

그림 4-11 **도시 거주민들의 사회적 공평에 대한 의식**

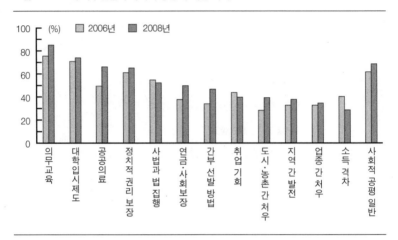

자료: 中國社會科學院 "中國社會狀況綜合調査"課題班(2009: 29).

않는다. 오히려 그것을 공정한 것으로 인정하는 경향이 강하다.[11] 실제로 〈그림 4-10〉을 보면 알 수 있듯이 '학력이 좋은 사람'에 대한 답은 '현실'보다 '이상' 쪽이 20%p 가까이 더 많았다.

〈그림 4-11〉은 2008년에 중국사회과학원 중국사회상황종합조사 과제반(中國社會科學院 "中國社會狀況總合調査"課題組, 2009: 29)이 18~69세 시민 7139명을 대상으로 사회적 공평에 대한 의식을 조사한 결

---

[11] 속성주의에서 업적주의로의 전환은 일반적으로 근대화의 산물로 이해된다. 실제로 필자(소노다 시게토)가 2005~2007년에 수행한 조사에서도 태국, 말레이시아, 인도네시아, 인도의 일본계 기업에서 일하는 현지 종업원에게서 강한 업적주의적 지향성을 읽을 수 있었다. 따라서 이것을 중국만의 특징으로 단정할 수는 없다.

과를 나타낸 것인데, 그래프로 나타낸 수치는 '대단히 공평하다' 또는 '공평에 가깝다'고 응답한 비율이다. 이를 보면, '소득 격차'(28.6%), '업종 간 처우'(35.2%), '지역 간 발전'(37.7%) 등에 비해 '의무교육'(85.7%)이나 '대학입시제도'(74.4%)의 제도적 공평성이 높게 평가되는 것이 뚜렷하게 나타난다. 이뿐 아니라 2008년의 수치가 2006년의 수치보다 더 높게 나왔다는 것을 보더라도 '의무교육'이나 '대학입시'에 대한 중국인의 제도 신뢰는 견고하다고 말할 수 있을 것이다.

### '설욕전'을 둘러싼 일본과 중국의 차이

공평한 경쟁에서 이겨 고소득을 올리는 것은 나무랄 일이 아니라 바람직한 일이다(이런 사고방식이 사회를 지배하는 한 사람들은 자녀를 학력 획득 경쟁에 몰아넣는 데 주저하지 않을 것이다). 더구나 대학 진학률이 극단적으로 낮았던 시대에 대학에 가고 싶어도 갈 수 없었던 경험이 있는 부모라면 무슨 일을 하더라도 자식을 대학에 보내겠다고 마음먹기 쉬울 것이다.

〈그림 4-12〉, 〈그림 4-13〉은 각각 일본과 중국에서 교육수준별·소득계층별로 자녀에 대해 가지고 있는 교육 포부를 나타낸 것이다(園田茂人, 2004: 152). '교육 포부'란 교육 자원을 획득하고자 하는 의지를 나타내는 학술용어인데, 여기서는 자녀를 교육시키는 것에 대한 열성으로 이해하면 된다. '교육'에서 '상', '중상', '중하', '하'는 응답자의 최종학력이 각각 대졸 이상, 전문대졸, 고졸, 중졸 이하인 것을, '소득'에서 '상', '중상,' '중하', '하'는 4분위 속에서 자신의 소득수준이 어떠한

그림 4-12 **자녀에 대한 교육 포부: 일본(1995년)**

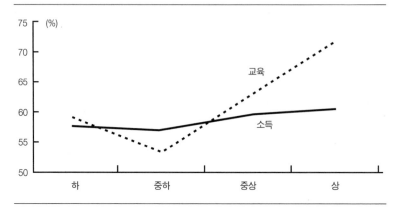

주: '교육'은 대졸 이상, 전문대졸, 고졸, 중졸 이하의 네 분류별로, '소득'은 4분위에서의 위치별로 각각 "자식에게 최대한
   높은 교육을 시키는 것이 좋다"는 제시문에 "그렇게 생각한다" 또는 "조금 그렇게 생각한다"라고 응답한 자의 평균 비율
   을 표시한 것임.
자료: 田園茂人(2004: 152).

그림 4-13 **자녀에 대한 교육 포부: 중국(1998년, 2006년)**

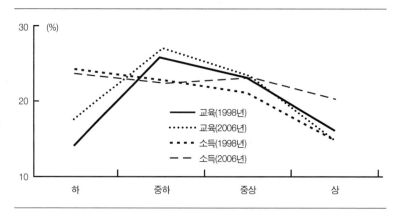

주: '교육'은 대졸 이상, 전문대졸, 고졸, 중졸 이하의 네 분류별로, '소득'은 4분위에서의 위치별로 각각 "남는 돈이 있다면
   어디에 그 돈을 쓰고 싶습니까"라는 질문에 '자녀 교육'이라고 응답한 자의 평균 비율을 표시한 것임.
자료: 田園茂人(2004: 152)의 1998년 자료에 2006년 자료를 더한 것임.

지를 가리킨다.

한눈에 알 수 있듯이 일본에서는 조사 대상자의 소득보다 학력이 자녀에 대한 교육 포부와 높은 관계가 있는 것으로 나타난다. 그리고 고졸자는 "자식에게 최대한 높은 교육을 시키는 것이 좋다"는 의견에 동의하지 않은 경향이 상대적으로 강하다.

그러나 중국에서는 그 반대로 고졸자 및 저소득층에서 "남는 돈이 있다면 자녀 교육에 쓰고 싶다"는 의식이 강한 것으로 나타난다. 그들 중 많은 사람이 공공부문에 근무하는 노동자로서 현재의 직장을 "반드시 뜻에 따라 선택한 것은 아니다"라고 생각하는 사람들인데, 그들에게 자녀 교육에 대한 투자는 일종의 '설욕전' 성격도 띤다.

그들은 "나는 학력이 좋지 않아 현재의 직장밖에 다닐 수 없지만 내 자식은 학력이 좋다면 직장을 선택할 수 있을 뿐만 아니라 높은 소득, 높은 지위에 접근할 수 있을 것"이라고 생각한다는 것인데, 거기서 우리는 입신출세라는, 현대 일본에서는 거의 사라진 사고방식에 가까운 것을 발견하는 것도 가능할 것이다.

사실 교육 수익률(교육 연수가 1년 올라갈 때마다 소득이 상승하는 정도)를 놓고 보면, 일본과 중국이 서로 대조적인 경향을 보인다. 민사형 소득함수[12]를 사용하면, 1995년 현재 일본의 교육 수익률은 8.5%로, 1965년의 10.2%에서 1.7%p 낮아진다(矢野眞和·島一則, 2000: 117).

---

[12]  민사형 소득함수란 $ln\ wi = a + \rho s + \beta x + rx^2$ (ln은 자연로그, $w$, $s$, $x$는 각각 임금, 교육년수, 근로년수, $p$는 교육 수익률)과 같은 방정식으로 표현되는 함수를 말한다.

고등교육을 받아야 할 '경제적 메리트'가 서서히 줄어들고 있는 것이다. 그에 비해 중국에서는 1988년의 3.8%에서 2001년의 11.8%로 8%p가 상승했다(李春玲, 2003: 64). 중국인들이 '설욕전'을 희망하는 데에는 경제적 이유가 존재하는 것이다.

### 고학력화 진행의 귀결

그런데 고학력화의 진행은 사회주의 중국에 커다란 모순을 가져왔다. 앞서 〈그림 4-8〉에서 보았듯이, 중국에서는 고학력자가 고소득을 얻고 있기 때문에 당연히 고학력자가 집중된 직장 또는 근무처는 그 평균 소득이 높다. 그런데 어느 곳에 고학력자가 많은가 하면, 〈표 4-3〉을 보면 알 수 있듯이, 국가기관(28.7%)의 대졸자 비율이 가장 높고, 외자계 기업(22.8%)과 국유사업체(15.8%)가 그 뒤를 잇는다. 이들 조직에서 일하는 사람들의 개인 소득이 전반적으로 높은 것이다.

여기서 국가기관에서 일하는 자의 61.2%와 국유사업체에서 일하는 자의 40.4%가 당원 자격을 갖고 있다는 사실에 대해 주의를 환기하고 싶다. 다시 말해, 국가기관이나 국유사업체처럼 공산당 간부가 상대적으로 많은 직장에서 소득이 많은 것이다. 그뿐 아니라 최근 수년의 데이터에 관한 한 시장경제화의 '승자'에서 당원이 차지하는 비율이 상승하고 있는 것으로 보인다.

〈표 4-4〉는 톈진 시 정기관측조사 등의 데이터를 사용하여, 소득 상위 4분의 1을 '승자', 하위 4분의 1을 '패자'로 정의하고 승자 그룹, 패자 그룹 각각에서 대졸자, 남성, 당원이 차지하는 비율 및 각각의 평

표 4-3 **근무처별로 본 응답자의 기본 속성(2006년)**

|  | 당원 비율<br>(%) | 대졸자 비율<br>(%) | 주거면적<br>(m²) | 개인 소득<br>(위안/월) | 세대 소득<br>(위안/월) |
|---|---|---|---|---|---|
| **자영업** | 8.6 | 4.8 | 59.8 | 1,965.4 | 3,590.9 |
| **사영기업** | 17.6 | 14.1 | 56.7 | 1,836.0 | 3,456.7 |
| **집단기업** | 15.9 | 3.1 | 46.4 | 925.3 | 1,718.2 |
| **외자계 기업** | 15.7 | 22.8 | 58.8 | 2,074.2 | 2,963.9 |
| **국유기업** | 32.3 | 6.3 | 52.4 | 1,236.3 | 2,179.1 |
| **국유사업체** | 40.4 | 15.8 | 65.1 | 2,028.4 | 3,661.7 |
| **국가기관** | 61.2 | 28.7 | 72.9 | 4,148.6 | 7,164.0 |
| **퇴직** | 44.1 | 4.5 | 49.5 | 1,039.8 | 2,105.7 |
| **기타** | 31.2 | 5.9 | 53.0 | 1,243.9 | 2,833.5 |
| **합계** | 32.6 | 11.1 | 56.0 | 1,677.9 | 3,093.0 |

자료: 園田茂人(2008: 170).

표 4-4 **톈진 시 승자와 패자의 프로필**

|  | 대졸자 비율<br>(%) | 남성 비율<br>(%) | 평균 월소득<br>(위안) | 평균 연령<br>(세) | 당원 비율<br>(%) |
|---|---|---|---|---|---|
| **1997년** |  |  |  |  |  |
| 승자(27.8%) | 13.2 | 65.8 | 925 | 44.0 | 34.5 |
| 패자(24.3%) | 1.4 | 32.9 | 196 | 44.9 | 9.3 |
| **2005년** |  |  |  |  |  |
| 승자(19.7%) | 27.4 | 66.8 | 1,893 | 46.1 | 45.9 |
| 패자(27.7%) | 2.2 | 43.3 | 326 | 44.6 | 11.6 |
| **2008년** |  |  |  |  |  |
| 승자(31.3%) | 37.6 | 66.3 | 3,163 | 43.2 | 44.8 |
| 패자(25.0%) | 2.2 | 36.4 | 591 | 46.6 | 16.4 |
| **2009년** |  |  |  |  |  |
| 승자(28.4%) | 37.4 | 64.5 | 3,879 | 46.2 | 45.1 |
| 패자(29.1%) | 2.0 | 41.4 | 732 | 48.3 | 19.2 |

주: 괄호 안 수치는 전체에서 차지하는 비율임.
자료: 톈진 시 정기관측조사 등.

균 월소득과 평균 연령 등을 나타낸 것이다.

이 표로 알 수 있듯이, 최근 10여 년 동안 나타난 '승자'의 특성을 볼 때 남성 비율과 평균 연령에는 뚜렷한 변화가 없었으나 대졸자 비율과 당원 비율은 증가해왔다. 경제 면에서의 '승자'가 고등교육 획득 경쟁에서뿐만 아니라 당원 자격 획득이라는 정치적 자원을 둘러싼 경쟁에서도 승자가 되고 있는 것이다.

1980년대 초 시장경제화의 담당자는 사회의 주변부에 있었다. 그러나 현재는 공산당 당원 자격을 가진 고학력자가 시장경제화의 혜택을 가장 많이 받고 있다.

노동자와 농민을 중시하는 정책을 취해온 중국 공산당이 개혁개방 후 특히 최근 10년간 소득 격차를 확대해왔다는 것, 그리고 공산당원들이 '승자'가 되고 당원과 비당원 간의 소득 격차가 해마다 확대되고 있는 것을 두고 말한다면(許欣欣, 2000: 272), 중국 사회는 이미 크게 변화했다고 하지 않을 수 없다.

역설적인 이야기이지만 이러한 변화는 "고학력자는 고소득을 누릴 만하다"는 이념에 의해 정당화되어왔다. 공산당도 당원을 고학력자 중에서 집중적으로 선발해왔는데, 2000년에 장쩌민이 '3개 대표'[13]를 주장한 뒤로는 당원이 비즈니스를 해도 하등 문제가 되지 않게 되

---

13  3개 대표론은 장쩌민이 2000년에 언급한 것으로, 공산당이 선진 생산력(자본가), 선진문화 발전(지식인), 광대한 인민(노동자·농민)의 근본 이익을 대표해야 한다는 내용이다. 2004년에 헌법 전문에 삽입되어 중국의 공식적인 지도이념으로 간주된다. ― 옮긴이

었다. 중국 공산당은 이제 노동자, 농민을 대표하는 전위정당이 아닌 것이다.

### 계층구조의 변화와 교육의 역할

그러면 개혁개방 후의 계층구조는 어떻게 되었을까? 이 질문에 대한 답은 한결같지 않고 중국 내에서도 서로 다른 의견이 경합하는데, 1980년대 이래의 계층구조에 관해 논한 리춘링(李春玲, 2005)의 견해를 — 이 책의 〈그림 3-3〉과 대비하는 의미도 포함하여 — 소개하겠다 (〈그림 4-14〉 참조).

리춘링에 따르면, 세대 내에서의 계층 이동이 얼마나 어려운가를 기준으로 삼을 경우에 3개의 구조적 장벽이 존재한다.

첫째는 정치적 자원 및 경제적 자원을 가진 계층과 갖지 못한 계층 간의 장벽이다. 당과 정부의 일반 직원과 관리직 및 사영기업주가 '가진' 계층에 속하고, 그 나머지가 '갖지 못한' 계층에 속한다.

둘째는 문화적 자원의 유무로 나눌 수 있는 화이트칼라 직업과 블루칼라 직업 간의 장벽이다. 전자에는 전문기술직, 사무직, 영세 경영자가 속하고, 후자에는 상업·서비스업 종업원과 노동자, 농업노동자가 속한다.

셋째는 취직 기회가 주어지는지 여부에 관한 장벽이다. 무직자, 실업자, 반실업자는 안정된 직업을 가진 사람에 비해 사회적 네트워크나 인적 자본을 갖지 못하기 때문에 자신의 처지를 개선하기 어렵다.

리춘링의 분석에 따르면, 이들 세 가지 장벽에 의해 계층이 나뉘

그림 4-14  1980년대 이후 계층구조와 사회이동 경로

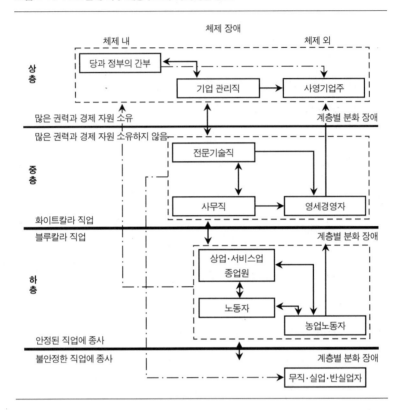

자료: 李春玲(2005: 118).

어 있기 때문에 한 사람이 평생 비슷한 직업들 속에서 왔다 갔다 하는 것이 일반적이다.

중국에서는 교육 달성이 그러한 장벽을 넘기 위한 도구로 이용된다. 교육 달성은 세대 간 계층 이동에서 가장 중요한 도구로 인식되는데, 이것이 중국에서 학력사회를 만들어내는 큰 원인이 되고 있다.

## 4. 맺음말

현대 중국인들은 정치적 자원, 경제적 자원, 문화적 자원을 획득하여 사회적 사다리를 오르기 위해 교육을 이용하며, 따라서 학력사회로서의 특성을 나타낸다. 그러한 학력 획득 경쟁의 결과로 공산당원은 '승자'의 특성을 뚜렷하게 보이는데, 당에서도 의식적으로 '승자'들을 당원으로 끌어들이고 있다.

전통 중국에서는 대체로 모든 자원의 획득이 과거시험에 달려 있었고 따라서 그에 따른 격차가 존재했다. 그런데 오늘날 중국에서도 사회적 격차를 뛰어넘는 데 대학입학시험이 이용되며, 연줄이 강력한 영향력을 행사하는 현실에 비추어 대학입학시험이 비교적 공평한 엘리트 선발 방법으로 받아들여진다. 그런 점에서 현대의 학력사회와 전통 중국의 모습 사이에는 커다란 유사성이 존재한다.

중국에서 시장경제화와 개혁개방으로 말미암아 과거제도라는 문화적 유전자가 회생되었다. 그뿐 아니라 이 유전자는 일본을 포함한 세계 고등교육시장에 큰 영향을 주고 있다. 중국의 교육 문제는 이제 글로벌한 차원을 내포하게 되었다.

제5장

# 하이구이와 하이다이

## 해외 유학의 빛과 그림자

### 1. 젊은이들의 해외 지향성

2005년에 필자(소노다 시게토)는 주오대학 문학부에서 와세다대학 대학원 아시아태평양연구소로 이동했는데, 그곳에 부임하자마자 대단히 기분 좋은 일을 겪었다. 해외에서, 특히 중국의 학생들로부터 "선생님의 연구 영역에 강한 관심을 갖고 있으니 저를 연구생으로 받아주시면 고맙겠습니다"라는 청을 담은 메일을 여럿 받았기 때문이다.

나의 연구에 관심이 있다니, 이것만큼 연구자의 자부심을 채워주는 표현도 없을 것이다. 그러나 얼마 지나지 않아 같은 직장 동료들도 같은 종류의 메일을 많이 받았다는 것을 알게 되었다. 그러한 메일을 받은 이는 필자만이 아니었던 것이다.

제2장에서 소개한 대로 와세다대학은 중국에 널리 알려져 있다. 2008년에 후진타오 총서기가 방일했을 때 와세다대학에서 연설을 한

적이 있는데, 이 대학은 그 정도로 중국에 알려진 유명 대학이다. 게다가 소속 대학원에서는 영어만으로 학위를 취득하는 것이 가능하다고 되어 있어 중국계 학생들 사이에 인기가 많다. 게다가 도쿄라는 도시의 매력도 있고, 일본 기업의 본사가 집중되어 있기도 하여 최근에 와세다대학에서 공부하는 중국계 학생 수가 급증하고 있다.

그렇지만 대학원에 입학한 것까지는 좋았으나 "스스로 연구 주제를 정하세요"라고 말하면 좀처럼 결정을 내리지 못하거나 심지어 "선생님이 연구 주제를 정해주시면 좋겠는데요"라고 하는 학생조차 있다. 아르바이트를 하는 데에는 열심인데 수업에는 적당히 출석만 하는 학생도 적지 않다. 학위를 취득하는 데에는 열심인데 학문 연구에 열의가 없는 유학생도 적지 않다.

일본인 학생과 다를 바 없다고 한마디로 말해버릴 수도 있지만, 필자(소노다 시게토)가 학생이었던 1980년대에 중국에서 국비로 파견된 소수의 유학생들은 그야말로 궁핍을 감내하면서 맹렬히 공부했었다. 그러나 요즘 학생들은 입학하기 전에는 "끝까지 열심히 노력하겠습니다", "선생님의 저작을 읽었습니다"라는 메일을 보내놓고서는 입학하고 나서 열심히 공부하지도 않고 필자의 연구에 그다지 관심을 보이지도 않아 크게 실망시키는 경우가 많다.

와세다대학에서의 중국인 유학생과의 관계는 이처럼 단맛과 쓴맛이 교차했다.

## 달아오르는 유학 열기와 사비 유학생의 증가

물론 지금도 "궁핍을 감내하면서 맹렬히 공부"하는 학생도 있다. 일본인 유학생은 잊어버린, "조국 건설을 위해서"와 같은, 이제는 시대에 다소 뒤떨어졌다고 할 이념을 여전히 품고 있는 학생도 있다. 앞서 제4장의 〈표 4-1〉에서 나타나듯이 교육의 기능을 "국가 발전에 기여할 수 있다"라고 이해하는 중국인이 상대적으로 많은 것이 현실이기도 하다.

그에 비해 최근 10년 동안 자기 이익의 실현을 위해 유학을 온 사람도 착실히 늘고 있다. 유학생 내부의 분화가 진척되어 중국에서 유학 오는 학생들의 목적이나 경로가 다양해졌는데, 이것이 중국 측이 발표하는 통계에서도 여실히 나타난다.

〈표 5-1〉은 교육부가 발표한 자료 또는 신화사新華社·인민일보가 보도한 기사들을 왕휘휘(王輝輝, 2007: 7)가 정리한 결과를 나타낸 것이다. 여기서 연도별 유학생 수를 보면 1996~1997년에 2만 6000명, 1997~1998년에 2만 명, 1998~1999년에 1만 8000명, 1999~2000년에 2만 명으로 해마다 2만 명 전후로 증가해왔는데, 2000년 이후 12만 명, 12만 6000명, 11만 4000명으로 12만 명 전후로 증가해, 그 증가 규모가 대략 6배에 달하는 것을 알 수 있다.

이런 대폭적 증가에 기여한 것이 사비 유학생의 급증이다. 2005년을 기준으로 해서 본다면, 12만 명이 조금 못 되는 출국자 가운데 정부 파견 유학생이 약 4000명, 기관 파견 유학생이 약 8000명이었다. 나머지 10만 7000명이 사비 유학생이었던 만큼 전체 유학생 가운데

표 5-1 **중국에서의 해외 유학생 수 추이**

| 연도 | 누적 출국자(만 명) | 누적 귀국자(만 명) | 귀국률(%) |
|---|---|---|---|
| 1996 | 27.0 | 8.9 | 32.9 |
| 1997 | 29.6 | 9.6 | 32.4 |
| 1998 | 30.2 | 9.9 | 32.7 |
| 1999 | 32.0 | 11.2 | 35.0 |
| 2000 | 34.0 | 13.0 | 38.2 |
| 2001 | 46.0 | 13.5 | 29.3 |
| 2002 | 58.6 | 15.3 | 26.2 |
| 2003 | 70.0 | 17.8 | 25.4 |
| 2004 | 81.4 | 19.8 | 24.3 |
| 2005 | 93.3 | 23.3 | 23.9 |
| 2006 | 106.7 | 27.5 | 25.8 |

자료: 王輝輝(2007: 7).

사비 유학생이 차지하는 비율이 거의 90%에 육박하는 것을 알 수 있다. 2000년 이래 유학생이 급증한 것은 다름 아니라 사비 유학생의 비대화에 따른 것이었다.

〈표 5-1〉에도 나와 있듯이 2005년에 해외로 유학 간 중국인 학생의 누계가 100만 명을 넘었다. 이 책 제1장에서도 기술했듯이 과거시험이 폐지된 이후 엘리트 선발 방법으로 사용된 것이 해외 유학인데, 그러나 당시 연간 출국자는 1만 명을 넘지 않았었다. 전술한 왕휘휘(王輝輝, 2007: 2)에 따르면, 해외 유학이 시작된 1872년부터 개혁개방이 시작된 1978년까지 100여 년간 해외 유학을 한 자가 모두 13만 명이 채 되지 않았다고 하는데, 이것을 보더라도 2000년 이후의 변화가

중국 근현대사에서도 미증유의 것임을 알 수 있다.

1999년에 시작된 중국 내 고등교육의 대중화와 발을 맞추기라도 하듯이 해외 유학이 급속히 확대되어갔는데, 그 골격을 담당한 것이 자기 이익의 최대화를 추구하는 사비 유학생들이었다.

### 유학 열기가 높아진 배경

왜 그토록 해외 유학이 인기를 끌게 되었을까? 사비를 들여서라도 유학을 떠나는 배경에는 무엇이 있을까? 중국인 학생들은 해외 유학을 어떤 것으로 생각하고 있을까?

이러한 질문에 답하는 데 힌트를 주는 것이 〈그림 5-1〉이다. 이 그림은 제4장에서 소개한 제1차 네 도시 조사의 질문표에 있는, "언제라도 기회가 있으면 성공을 찾아 외지나 해외로 나갈 생각이다"라는 제시문에 "크게 동의" 또는 "어느 정도 동의"로 답한 이들을 연령계층별로 집계하여 나타낸 것이다. 20대 두 명 중 한 명이 이에 동의했다는 것은 그만큼 많은 사람이 외부로 나가는 것을 성공의 기회로 여기며 그것을 위한 행동을 취하려 하고 있다는 것을 의미한다.

와세다대학의 글로벌 COE 프로그램 '아시아지역 통합을 위한 세계적 인재 육성 거점'이 2008년에 아시아 6개국의 엘리트 대학생을 대상으로 실시한 조사(이하 '아시아 학생 조사'로 표기)와 와세다대학 대학원 아시아태평양연구소의 학생들이 같은 해 푸단대학과 공동으로 실시한 조사에 따르면,[1] 베이징과 상하이의 학생 가운데 해외 유학에 "강한 관심이 있다" 또는 "어느 정도 관심이 있다"라고 응답한 이의 비

그림 5-1 "언제라도 기회가 있으면 성공을 찾아 외지나 해외로 나갈 생각이다"

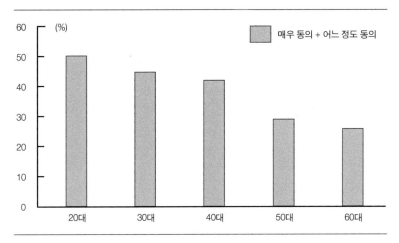

자료: 제1차 네 도시 조사(1997~1999년).

율이 74.5%였다. 응답자 4명 중 3명이 유학에 관심이 있는 셈이었다. 한편 일본 학생들의 반응을 보면 해외 유학에 "강한 관심이 있다", 또는 "어느 정도 관심이 있다"라고 응답한 자가 69.9%였는데, 이 정도면 양국 간에 큰 차이는 없다고 할 수 있을 것이다.

---

1    이들 조사는 일본(도쿄대학, 와세다대학), 한국(서울대학, 고려대학), 중국 베이징(베이징대학, 중국인민대학), 중국 상하이(푸단대학, 상하이자오퉁대학), 베트남(베트남국립대학 하노이캠퍼스), 필리핀(필리핀대학 딜리만캠퍼스, 데라살대학), 태국(쫄랄롱꼰대학, 탐마삿대학), 싱가포르(국립싱가포르대학, 난양기술대학)에서 공부하는 각 대학 200명 정도의 학생을 대상으로 그들의 대외 인식이나 아시아관, 취업·취학에 관한 의식 등을 조사한 것이다. 조사표는 http://www. waseda-giari.jp/jpn/research/achievements_detail/873.html에서 얻을 수 있으며, 데이터도 이미 공개되어 있다.

그런데 "강한 관심이 있다" 또는 "어느 정도 관심이 있다"라고 응답한 사람 가운데 얼마만큼의 학생이 대학원에 진학하기를 희망하는가를 보면 일본과 중국 간에 큰 차이가 나타난다. 일본인 학생들은 "대졸로 좋다"라고 응답한 비율이 29.1%인 데 비해, 중국인 학생 가운데 "대졸로 좋다"라고 응답한 자는 7.4%밖에 안 된다. 한편 박사과정이나 석사과정에 진학하기를 희망하는 일본인 학생은 각각 11.9%, 42.7%인 데 비해 중국인 학생들은 30.7%와 46.2%가 각각 박사과정과 석사과정에 진학하기를 희망했다. 특히 박사과정 진학 희망자의 비율에 큰 차이가 있었는데, 유학의 동기를 둘러싸고 ─ 일본인 학생들은 단순한 어학 습득을 목적으로 하는 경우가 많은 데 비해 ─ 중국인 학생들은 분명 학위 취득을 목적으로 하는 경우가 많다는 것을 읽어낼 수 있었다.

유학 지향성이 강하다는 것이 단지 외국 대학원에서 학위를 취득하고자 하는 지향성이 강하다는 것만을 의미하는 것은 아니다. 그것은 학위 취득 후 현지에 머물며 그 나라 기업에 취업하는 것이나 귀국해서 좋은 일자리를 찾을 수 있기 위한 준비를 하는 것까지를 포함한다. 사실 "유학 종료 후 얼마간 머물다 귀국하고 싶습니까"라는 질문에 베이징과 상하이 학생 중 "곧 귀국하고 싶다"라고 응답한 자는 전체의 3분의 1 정도에 지나지 않는다(〈그림 5-2〉 참조). 베이징 학생은 59.9%, 상하이 학생은 53.7%로 모두 절반이 넘는 엘리트 학생들이 "수료하고 몇 년 지나서 귀국하고 싶다"라고 응답한 데 비해 일본 학생들은 "곧 귀국하고 싶다"라고 응답한 자가 66.8%, "수료하고 몇 년 지

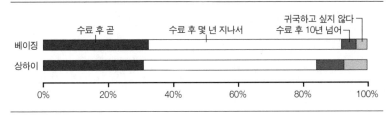

그림 5-2  베이징과 상하이의 엘리트 학생들의 유학 후 귀국 예정

자료: アジア學生調査.

나서 귀국하고 싶다"라고 응답한 자가 30%였다. 귀국 후의 계획을 놓고도 차이가 있다는 것이 분명했다.

### 일본 유학이라는 '재팬 드림'

학위를 취득하고 나서 몇 년간 무엇을 하려는 것일까? 유학 희망지에 따라 미세한 차이가 있기는 하나, 대체로 현지 기업이나 연구기관에서 근무하여 경력을 쌓음으로써 모국에서 취업하거나 사업을 하는 데 도움을 받고자 하는 직업적 동기, 또는 일을 통해 얻는 소득으로 유학 자금을 보충할 수 있다는 등의 경제적 동기가 있는 것 같다.

필자(소노다 시게토)가 전에 맡았던 학생 가운데, 학부 시절에 알고 지낸 중국인 유학생이 공부에 대한 열정이 그다지 없는 사람인데도 일본의 대학원에 진학한 것에 의문을 품고 그 배경에 어떤 사정이 있는가를 석사논문으로 정리한 이가 있다. 그가 밝혀낸 것은 중국인 학생들이 유학을 성공의 계기로 생각하는 정신구조를 갖고 있다는 것과 중국의 사회 환경이 그러한 정신구조를 떠받치고 있다는 것이었다(木

村惠美子, 2007).

　기무라 에미코에 따르면, 랴오닝 성 다롄 출신의 그 유학생이 일본 유학을 생각하게 된 데에는 자식의 '성공'을 바라는 부모의 존재가 컸다고 한다. 대학을 나오지 못한 이 유학생의 부모는 딸을 어떻게 해서든 대학에 보내고 싶어 했다. 그리고 계층 상승을 위해서는 일본어를 공부하는 것이 중요하다고 생각하여 딸이 어렸을 때부터 일본어 공부를 하도록 권했다.[2]

　조사 대상이 된 유학생은 고향 다롄의 대학에 진학하여 일본어를 공부했다. 그녀는 교환학생으로 1년간 일본에 오기는 했으나 공부를 그리 좋아하지 않았다. 귀국하고 보니 친구들 상당수가 취직해 있었으나 모두 답답함을 느끼고 있다는 것을 알고 다시 일본으로 건너가 대학원에 진학할 결심을 했다. 이미 일본 유학 경험이 있었기에 일본에서 아르바이트를 하면 부족한 학비를 충분히 채울 수 있다는 것을 알았고, 일본 생활이 결코 즐거운 것은 아니었지만 일본에 가기만 하면 전망은 밝다고 생각했던 것이다. 그래서 조사 대상자는 부모와 친척에게서 일본으로 갈 교통비와 체재비 등을 빌려 일본의 대학원에 진학했다.

　이처럼 ① 일본의 학비 수준이 상대적으로 낮다는 점과 아르바이트 기회가 많다는 점, ② 출국 비용을 충분히 댈 수 있을 만큼 경제적

---

2　역사적 경위도 있어 다롄에서는 일본어 교육이 활발하게 이뤄지고 있다. 다롄에서는 일본계 기업이 많이 경제활동을 하고 있다. 후술하는 후쿠오카 일가 4명 살해 사건의 범인도 다롄에서 일본어를 배우기 위해 일본에 온 사람이다.

여유가 생겼다는 점, ③ 일본에서의 '성공' 사례가 주변에 많다는 점, ④ 학력 달성으로 더 나은 생활수준을 얻으려 하는 공리주의적 교육관, ⑤ 대학에 다니지 못한 부모가 자식에게 거는 강한 기대, ⑥ 비공식적 경로를 통해 자금을 융통하고 그것을 유학 자금화하는 것 등등의 복잡한 사정 속에서 중국인 사비 유학생들이 '재팬 드림'을 안고 일본에 오고 있는 것이다.

학위 취득뿐 아니라 — 아니 그것 이상으로 — 풍요로운 생활이라는 더 큰 목표의 실현을 위해 유학이 이용된다. 사비 유학생의 급격한 증가는 — 바로 중국 국내에서 그러했듯이 — 사회적 사다리를 오르는 데 교육을 이용하려고 하는 현대 중국을 상징하는 사회 현상이다.


## 2. 강화되고 있는 서양 지향성의 배경

그렇기는 하나, 영어 프로그램을 위해 일본을 찾는 중국인 유학생으로서 일본에 계속 남아 있으려고 하는 이는 그리 많지 않다. 필자(소노다 시게토)가 현재 도쿄대학에서 지도하는 중국인 유학생도 그중 한 사람으로, 그녀는 석사학위 취득 후 유럽의 대학원에 진학하기를 희망하고 있다.

일본어를 공부해서 일본계 기업에 다니는 것 같은 '일본 외곬' 성향의 유학생도 있기는 하나, 타이완을 포함한 많은 중국계 학생은 서양의 대학에서 학위를 취득하는 데 관심을 쏟고 있어서 와세다대학에는 '학부는 미국, 캐나다 또는 호주에서 보내고 일본에서 석사학위를 취득하여 외자계 기업에 취직'하려는 이가 많다. 물론 그 반대로 석사학위는 일본에서 취득하지만 박사학위는 서양에서 취득하려는 유학생도 많다.

### 유학지로서의 영어권

왕휘휘(王輝輝, 2007: 4)에 따르면, 유학지로 인기가 있는 나라들은 미국, 캐나다, 영국, 독일, 일본, 싱가포르, 호주, 뉴질랜드 등이다. 이 중 일본과 독일 외에는 공용어가 영어인데, 중국에서는 영어권으로 유학 가기를 희망하는 경향이 대단히 강하다. 특히 미국 유학을 희망하는 경우가 눈에 띄게 많다.

〈그림 5-3〉은 2000년 이후 일본과 미국으로 간 중국인 유학생 수 추이를 나타낸 것인데, 2002~2007년에 일시적으로 일본행 유학생 수가 미국행 유학생 수를 능가했지만, 2008년부터 다시 미국행 유학생 수가 많아지고 있다는 것을 보여준다. 이것은 2001년 9·11 사태 이래 미국 정부가 유학생에 대한 비자 발급을 엄격히 제한하자 "그렇게 해서는 뛰어난 학생들을 확보할 수 없다"고 느낀 대학 총장들이 정부에 진정을 냈고 그 결과 비자 발급 규제가 완화된 것이 2007년 전후였다는 사정이 반영된 것인데, 비자 발급 제한이 완화되자 곧 유학생 수가 역전될 정도로 중국인의 대미 유학 희망은 강렬하다.

'아시아 학생 조사' 결과를 보더라도 영어권 유학 희망이 강하다는 현실을 읽을 수 있다.

그림 5-3 **일본과 미국에서의 중국인 유학생 수 추이**

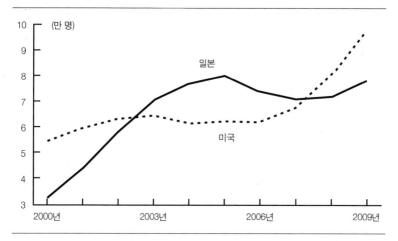

자료: 일본은 문부과학성 및 일본학생지원기구의 각 연도 데이터를 바탕으로 작성함. 미국은 국제교육기관(Institute of International Education) 홈페이지에 공개되어 있는 데이터(http://opendoors.iientework.org)를 바탕으로 작성함.

〈그림 5-4〉는 베이징과 상하이의 엘리트 학생들이 희망하는 유학지를 나타낸 것인데, 프랑스나 한국 같은 나라에 대한 유학 희망이 비교적 강하게 나온 것 외에는 왕휘휘의 지적과 전혀 다르지 않았다.

실제로 '아시아 학생 조사'를 보면 베이징과 상하이의 대학생 가운데 "나는 영어를 유창하게 말할 수 있다"라고 응답한 이가 각각 20.5%, 19.0%였다. '아시아 바로미터'의 2006년 조사에 따르면, 중국에서 "나는 영어를 유창하게 말할 수 있다"라고 응답한 이의 전국 평균이 0.7%에 그쳤다는 것, 그리고 '아시아 학생 조사'에서는 중국과 마찬가지로 영어를 사용하지 않는 동아시아의 일본(도쿄대학, 와세다대학)과 한국(서울대학, 고려대학) 학생 가운데 같은 응답을 한 비중이 각각

그림 5-4 베이징과 상하이 엘리트 학생들이 희망하는 유학지

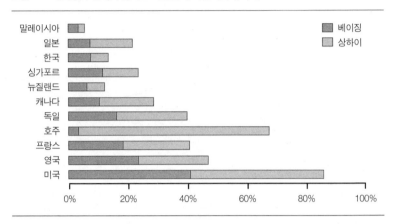

주: 수치는 해당 국가로 유학을 가는 것에 "강한 관심이 있다"라고 응답한 자의 수를 나타냄.

7.8%, 6.4%에 불과했다는 것에 비추어볼 때 그 수치가 얼마나 큰지 알 수 있을 것이다.

이처럼 중국의 엘리트 대학생들은 영어를 배워 해외 유학이라는 출세의 통행권을 획득하려 하고 있다. 한편 〈그림 5-4〉에 나타나 있지는 않으나, 필리핀이나 인도, 말레이시아 등 영어로 학위 취득이 가능하지만 경제 수준이 그리 높지 않은 지역에 대한 중국인 엘리트 학생의 유학 희망은 전무에 가깝다. 그들은 유학 희망지를 생각하면서 단지 영어를 배울 수 있다거나 영어로 학위를 취득할 수 있다는 언어 측면뿐 아니라 해당 국가의 경제 수준도 중요한 판단 자료로 삼고 있는 듯하다.

## 다국적기업 지향성이 높아지는 것

유학하려는 국가의 경제 수준이 유학지를 선택하는 데 중요한 고려 요소가 되는 것은 유학생이 학위를 취득한 후에 유학한 곳에서 취직·취업하는 것을 지향하기 때문만은 아니다. 유학한 국가를 기반으로 삼아 중국에 진출한 다국적기업에 기술직이나 관리직으로 취업할 기회가 비약적으로 늘고, 현지에서 창업할 가능성이 커졌기 때문이기도 하다.

앞서 필자는 시장경제화가 진전되는 가운데 능력주의적 가치관이 강화되었다고 지적한 바 있는데, 그러한 능력주의에 의지하는 각종 제도를 가장 먼저 가지고 들어온 것이 외자계 기업이었다는 점도 작용하여, 1992년 덩샤오핑의 남순강화 이후 최근 20년 사이에 자신의 능력을 자각한 학생들은 그 능력을 발휘하기 위해 외자계 기업 ─ 특히 서양계 기업 ─ 에서 일하는 것을 이상으로 삼아왔다(菱田雅晴·園田茂人, 2005: 128~130).[3] 최근 들어 노동조건이 개선되고 노동환경이 안정화되면서 국가기관이나 국유기업에 취업하기를 희망하는 학생이 늘고 있기는 하지만, 외자계 기업 지향성은 여전히 강력하다.

〈그림 5-5〉는 '아시아 학생 조사'에서 베이징과 상하이 엘리트 학

---

3   따라서 이른 시기에 중국에 진출한 외자계 기업들은 현지 종업원들이 능력주의적 자원 관리에 당황해하는 태도를 보이는 것을 쉽게 발견할 수 있었다. 요즘에는 "중국인 종업원들이 지나치게 일한다고 할 정도로 열심히 일한다"라고 증언하는 일본계 기업의 중국 주재원들도 20년쯤 전에는 "중국에서는 능력주의적인 인적 자원 관리가 통하지 않는다"라고 한탄했다는 것을 생각하면 재미있다(園田茂人, 2006: 115).

그림 5-5 베이징과 상하이 엘리트 학생들의 취직 희망 기업

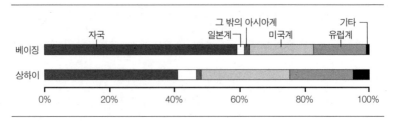

자료: アジア學生調査.

생들이 나타낸 취직 희망 기업의 분포인데, 자국의 기업이나 조직에 취업하기를 희망하는 자가 베이징에서는 과반수를 차지하고 상하이에서는 과반수에 미달한다는 차이가 있기는 하나, 자국 이외의 기업이나 조직을 놓고 보면 미국계 기업에 취직하기를 희망하는 경향이 가장 강하고 이어서 유럽계 기업에 취직하기를 희망하는 경향이 강하다는 것, 그리고 일본계 기업에 취직하기를 희망하는 경향은 서양계 기업만큼 강하지 않다는 점이 공통적이다.

흥미로운 점은 비슷한 경향이 일본계 기업에서 일하는 중국인 종업원들에게서도 나타난다는 것이다. 〈그림 5-6〉은 중국의 일본계 기업에서 일하는 현지 종업원들을 대상으로 1992년과 2007년에 각각 "만약 노동조건이 같다면 당신은 어느 쪽 기업에서 일하고 싶습니까"라는 질문에 대한 응답을 나타낸 것이다(園田茂人, 2008c: 196). "어느 쪽이든 상관없다"라는 응답이 1992년에는 47.5%였는데 2007년에는 38.4%로 감소했고, 같은 기간에 "서양계 기업"이라는 응답이 13%p 정도 증가했는데, 15년 정도의 기간을 생각할 때 작지 않은 변화라 하

그림 5-6 **서양계 기업과 일본계 기업 중 희망 기업**

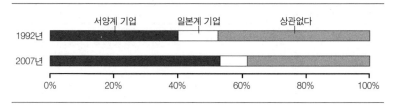

자료: 園田茂人(2008: 169).

겠다.

〈표 5-2〉는 중화영재망中華英才網이 중국 국내 대학생들을 대상으로 2008년에 실시한, 취직하고 싶은 기업에 관한 인터넷 조사 결과를 나타낸 것인데, 인기 기업 상위 20위에 외자계 기업 다섯 곳이 포함되었다. 그 가운데 네 곳이 미국 기업, 한 곳이 독일 기업으로, 유감스럽지만 일본계 기업은 하나도 없었다. 중국계 기업의 특히 관리직·기술직에 대한 처우가 좋아졌기 때문에 예전에 비해 서양계 기업에 대한 인기가 식은 것으로 생각되기는 하지만, 일본에서 이루어진 비슷한 조사에 비추어볼 때 서양계 기업에 대한 인기는 아직 높은 수준이라는 것을 알 수 있다.

이처럼 영어권으로 유학하기를 희망하는 경향이 강한 것은 국내의 기업 선호, 특히 서양계 기업에 대한 취직 희망이 강력한 것과도 밀접한 관련이 있다.

표 5-2 **2008년 중국 대학생 인기 기업 순위(상위 20곳)**

| 2008년 순위 | 2007년 순위 | 기업명 | 업종 |
|---|---|---|---|
| 1 | 2 | 중국이동통신 | 통신 |
| 2 | 4 | 화웨이 | 통신 |
| 3 | 5 | P&G(중국)* | 일용품 |
| 4 | 1 | 레노보 | PC |
| 5 | 3 | 하이얼 | 가전 |
| 6 | 6 | IBM 차이나 | PC |
| 7 | 7 | 마이크로소프트(중국)* | IT |
| 8 | 8 | 중국광동핵발전그룹 | 전력 |
| 9 | 15 | 중국은행 | 금융 |
| 10 | 12 | 구글 차이나* | IT |
| 11 | 9 | 알리바바 인터넷기술 | IT |
| 12 | 10 | 바이두 | IT |
| 13 | 11 | 중국전신그룹 | 통신 |
| 14 | 13 | 승신과기(선전) | IT |
| 15 | 25 | Sonopec | 석유 |
| 16 | 23 | 만과기업 | 부동산 |
| 17 | 34 | 초상은행 | 금융 |
| 18 | 20 | 페트로차이나 | 석유 |
| 19 | 24 | 중흥통신 | 통신 |
| 20 | 14 | 지멘스(중국)* | 통신 |

주: * 표시된 것은 외자계 기업임.
자료: 中華英才網 http://08zjgz.chinahr.com/08hg/08ph50.htm

## 하이구이와 하이다이: 유학생을 둘러싼 새로운 변화

실제 중국에서는 해외 유학 귀국자를 '하이구이海歸'(海龜와 발음이
같다)라 부르는데, 그 수가 2006년 말 현재 27만 5000명에 달하는 것

으로 알려져 있다. 그들 중 많은 사람이 중국에서 정치적으로 중요한 자리를 차지하거나 새로운 산업 추진의 담당자가 되어 엘리트라 부르기에 적합한 대우를 받는다. 해외 유학의 결과로 그러한 보상을 받는다면, 자신은 대학교육을 받을 기회가 없었던 세대로서는 당연히 자식을 해외로 유학 보내고 싶어 할 것이다.

물론 출국하여 중국에 돌아오지 않을 가능성도 있다. 다른 제3세계와 마찬가지로 중국도 이미 오래전부터 두뇌 유출을 겪고 있으며, 자식에게 투자하는 부모 입장에서도 '자식으로부터 배반당할' 위험성이 작지 않다. 유학 간 현지에서 높은 사회경제적 지위를 누릴 수 있는 한 중국 정부의 귀국 정책에 호응하지 않을 가능성이 크다는 지적은 진즉부터 있어왔고(Zweig and Chen, 2006: 86), 앞서 〈표 5-1〉을 통해서도 보았듯이 2000년을 정점으로 귀국률이 30%를 밑도는 것이 엄연한 현실이다.

그렇지만 최근에 '두뇌 순환brain circulation'이라는 표현이 사용되듯이(Smith and Favell, 2006: 11), 국가 간 이동의 쌍방향화가 일어나고 있어 '귀국 아니면 정착'의 유형에 꼭 들어맞지 않는 사례가 늘어나고 있다.[4]

왕휘휘(王輝輝, 2007: 178)는 2006년에 113명의 '하이구이' 기업자를 대상으로 실시한 질문표 조사를 통해 그들의 귀국 또는 정착을 둘

---

[4]  IT산업이 주요 산업이 된 결과로 미국에서 학위를 취득한 인도계나 중국계 시민이 모국에서 창업하는 현상을 볼 수 있게 된 20세기 말부터 '두뇌 순환'이라는 용어가 사용되기 시작했다.

러싸고 복잡한 역학이 작용하고 있다는 것을 밝히기도 했다.

그에 따르면, '하이구이'의 귀국 이유로서 가장 많았던 것이 "국내 비즈니스 기회가 많아져서"(94.9%)였고, "사업의 성장 가능성이 해외보다 높아서"(91.6%), "지식을 응용해 중국에서 발전시키고 싶어서"(88.5%), "가족 사정"(80.6%) 등이 그 뒤를 이었다. "국내 기업이 좋은 조건을 제시해서"(29.3%)나 "해외에서 취업하기 어려워서"(25.6%) 같은 이유를 내세운 이는 적었다. '하이구이'를 귀국시킨 것은 이처럼 중국의 장래성에 대한 높은 평가이기는 하나, 실제 귀국해서 보니 취직·취업 조건이 "기대한 정도에 못 미쳤다"라고 응답한 자가 과반수 (55%)였고, "나의 재능이 발휘되고 있다고 말하기 어렵다"라거나 "해외 생활이 길어서 국내 방식에 맞춰 살기 어렵다"라는 등의 불평·불만도 많았다.

요컨대 '하이구이'는 그들을 끌어당기는 요소도 있고 밀어내는 요소도 있어 그때그때 조건에 따라 귀국하기도 하고 다시 해외로 돌아가기도 하는 것 같다. 귀국할 만한 일자리가 보이면 귀국하지만, 그렇지 않으면 해외 생활을 계속한다. 이처럼 상황에 따라 거주지를 바꾸는 경우도 적지 않은데, 일자리 때문에 자주 국경을 넘나드는 사람을 두고 중국에서는 '하이어우海鷗'라 부른다.

한편 중국 내의 일자리를 찾지 못해 해외에 머무는 학생들을 '하이다이海待'(海帶와 발음이 같다)라 부르는데, '하이다이'가 생기고 있다는 기사가 신문에 오르기 시작한 것은 2004년경이다(≪南方都市報≫, 2004.6.19). '하이다이'가 생겨난 이유로는 유학생의 급격한 증가가 수

요를 상회하게 된 것, 해외 유학자들의 전공이 한쪽으로 치우친 것, 해외 유학자들이 귀국하여 받을 대우를 지나치게 높게 기대하는 것 등등 여러 가지가 지적되었는데, 중국 국내에서의 취직 상황이 그다지 악화되지 않았고 '하이다이'의 존재를 확인할 수 없다는 지적도 있는 등 (Zweig and Han, 2008: 21) 여러 의견이 나오고 있다.

### 인재 쟁탈전에 뛰어든 중국

다만 한 가지 확실한 것은 중국의 우수한 인재를 둘러싼 세계적인 규모의 쟁탈전이 일어나고 있으며 이 싸움에 중국의 기업이나 정부기관도 뛰어들고 있다는 점이다.

국비 유학생을 해외로 내보내면서 일찍이 두뇌 유출에 시달려온 중국 정부는 1990년대부터 우수한 인재의 귀국 촉진 정책을 수립·시행해왔다. 1990년에는 '해외청년학자 귀국방문계획'을 수립했으며, 1994년에는 저명한 인재들의 귀국을 촉진하기 위한 '100인 계획'을 수립하고 귀국자의 창업을 장려하기 위한 '유학자 창업원'을 출범하기도 했다. 또한 1996년부터는 국제회의나 학술교류, 공동연구 등의 단기 귀국에 드는 여비 등을 원조하기 위한 '춘휘계획春暉計劃'을, 1998년부터는 중국 교육부와 홍콩의 리자청李嘉誠 기금회가 힘을 모아 세계적인 연구자 육성을 목적으로 한 '창장長江학자장려계획'을 시작하는 등 계속해서 관련 정책을 수립·시행한 것은 중국 정부가 그만큼 두뇌 유출을 우려했기 때문이다.

그러한 흐름 속에서 2000년에 인사부人事部가 '해외 고급 유학 인재의 귀국 장려 공작에 관한 의견'을 발표했다. 이로써 해외로 유출된 인재들을 초빙할 때 임금이나 보너스, 연구비 등의 면에서 우대책을 수립할 수 있게 되었는데, 중국 정부는 이를 계기로 해외 우수 인재를 국내로 끌어들이기 위한 노력을 대폭 강화했다. '종관춘中關村'[5]이 급속히 발전한 것도 중국 정부의 이러한 '수세에서 공세로의 전환'을 반영한 것이었다.

중국 정부만이 아니다. 베이징 시나 상하이 시는 2000년경부터 유학 경험자를 유치하기 위한 정책을 앞다퉈 내놓았는데, 이는 귀국자들이 최신 기술을 들여올 뿐 아니라 그들이 창업하면 새로운 산업이 생겨나고 경제가 활성화되기 때문이었다. 지방정부는 자기 지역의 경제 발전을 기대하면서 유학 경험자를 적극 유치하고 있다.


## 3. 중국인 유학생 증가가 사회에 미친 영향

그러면 중국인 유학생 증가와 세계적 규모의 인재 쟁탈전 발생이 중국 안팎에 어떤 영향을 주고 있을까? 이 책이 주제로 삼는 격차·불평등과 관련하여 몇 가지 점을 지적할 수 있다.

---

5   베이징대학과 칭화대학 근처에 있는 지역으로, IT 관련 기업이 많이 들어서 있어 '중국의 실리콘밸리'로 불린다.

## 대학 간 격차 확대라는 부산물

첫째로 국내 대학 간 격차가 커져, 우수한 인재가 모이기 쉬운 대학과 그렇지 않은 대학 간에 큰 격차가 생기고 있다.

인사부가 2000년에 시행한 '영단'은 해외의 우수 인재들을 국내로 들여오기 위한 방책이었지만 그러한 우대정책의 도입은 그러한 방책을 취할 수 있는 일부 엘리트 대학과 그러한 방책을 취할 수 없는 여타 대학 간의 격차를 두드러지게 만들었다.

우수한 인재를 유치하기 위한 자원이 정부에 의해 불균등하게 배분되기 때문에 대학 간 서열이 형성되고, 이에 따라 학생들은 더 좋은 대학에 진학하기 위해 격전을 벌이게 된다. 좋은 대학에 진학한 이에게는 더 나은 일자리가 기다리고 있지만, 그렇지 못한 이는 같은 대졸 자격을 얻더라도 좋은 일자리를 구하기 어렵다. 그 때문에 권토중래를 기하여 해외로 유학 갈 생각을 하게 되고 또 그것이 다시 대학 간 경쟁을 가속화하게 된다.

우수한 인재를 둘러싼 세계적 규모의 쟁탈전이 벌어지고 있는 상황에서 국내 우수 학생들을 모을 수 있는 엘리트 학교들도 느긋하게 앉아 있을 수 없다. '가오카오 장원'(이 책 18쪽)이 진학하는 베이징대학이나 칭화대학에서는 우수한 학생들이 대학원 수준에 이르면 해외로 나가버리기 때문에 박사과정보다 석사과정의 학생들이, 석사과정보다 학부의 학생들이 우수하다는 '학력의 역피라미드' 현상이 나타나고 있다. 흔히 "하버드대학 대학원의 예비학교"라는 야유를 받는 이 엘리트 대학들에서는 학문·연구의 재생산을 담당하는 대학원 수준에서 어떻게 하면 우수한 학생들을 확보할 수 있을까를 놓고 고심하고 있다.

필자(소노다 시게토)가 와세다대학에 재임하던 2007년에 베이징대학, 서울대학과 공동으로 서머스쿨을 운영할 기회가 있었는데, 당시 그 서머스쿨에 와세다대학과 서울대학에서는 석사과정 학생들을 참가시킨 데 반해 베이징대학에서는 학부생들을 참가시켜 논란을 빚은 일이 있었다.

그 학부생들은 확실히 영어 실력이 훌륭하고 와세다대학이나 서울대학의 대학원생과 비교해도 손색이 없는 실력을 갖추고 있었다. 그러나 대학원생과 토론하는 데 학부생을 파견하는 것은 아무래도 말이 안 되는 일이었다. 그래서 필자가 인솔 교원에게 직설적으로 문제점을 지적했더니 그는 "우리도 대학원생을 파견하고 싶습니다만 우수한 학생은 해외로 나가버려서 최상위급을 선발하자면 학부생을 선발하지 않을 수 없습니다"라고 대답하면서 곤혹스러운 표정을 지었다.

### 중국 내부에서의 계층 격차 확대

둘째로 중국 국내에서 계층 격차를 확대하고 있는 것을 지적하지 않을 수 없다.

'하이구이' 중 상당수는 베이징이나 상하이, 선전, 광저우, 청두, 시안 등 일부 대도시, 다시 말해 부유층 밀집 지역에 거주하고 있다. 2007년에 160명의 '하이구이'를 대상으로 인터뷰 조사를 실시한 결과, 그들 중 다수가 다국적기업(27.2%)이나 대학·연구소(17.0%), 민간기업(15.7%) 같은 조직·기관에서 일하거나 창업(10.9%)을 한 것으로 나타났다(王輝輝, 2007: 9). 바로 이들이 2000년을 경계로 중국 국내에서 확대된 '바이링白嶺'(화이트칼라)의 이미지를 구성하는 핵심이자(園田茂人, 2008a: 146~148) 중국인 학생이 선망하는 대상이다.[6]

한편 똑같은 다국적기업 – 특히 대량의 블루칼라 노동자를 고용한 제조 기업 – 에는 많은 저임금 노동자가 있다. 세계 각지의 제조 기업들이 중국에 진출한 것은 '세계의 시장'이 된 중국 시장을 염두에 둔 것이지만 동시에 중국에서 값싸고 질 좋은 노동력을 확보할 수 있다는 기대 때문이기도 하다.

이처럼 다국적기업의 중국 진출은 세계적 규모에서 우수한 중국계 기술자·관리자를 확보하는 한편으로 최대한 값싼 노동력을 현지에서 조달하기 위함인데, 이는 결과적으로 기업 내 급여 격차를 확대했다. 노동력을 둘러싼 수급 균형을 생각하면 이것은 당연한 결과이다.

2004년부터 2007년까지 아시아 일본계 기업에서의 노동자 직종별 평균임금을 조사한 미야모토 겐스케(宮本謙介, 2009: 166)는 관리직에서의 고임금화와 생산직에서의 저임금화라는 노동시장 내부의 분절화가 아시아 전반에서 발견된다고 했는데, 물론 중국도 거기서 예외가 아니었다. 중국, 특히 광둥 성의 단독 출자 기업을 보면, 내륙지역 출신의 저학력 농민공이 말단 생산직을 구성하는 구조가 뚜렷하게 나타

___
**6** '바이링'에는 '젊은 나이로 외자계 기업에 다니는 사람' 같은, 화이트칼라의 원래 직업 속성과는 무관한 이미지가 담겨 있는데, 이것도 중국에서의 경제성장이 그러한 부문에서 진행되어왔다는 것과 무관하지 않다.

난다.

중국 경제는 눈부시게 발전하고 있지만, 해외 유학을 다녀온 '바이링'으로서 외자계 기업에서 일하는 사람과 학력이 낮은 농민공 간의 격차는 계속 확대되고 있다.

### 유학에서 범죄로: 환상이 환멸로 변할 때

OECD의 「2008년 국제이민 전망International Migration Outlook 2008」 보고서에 따르면, OECD 국가들로의 국제이민이 가장 많은 나라가 중국으로, 전체의 10.7%를 차지한다. 이는 2위 폴란드와 3위 루마니아의 2배 이상에 달한다(≪日本經濟新聞≫, 2008.9.11). 특히 2006년 기준으로 캐나다와 일본, 한국에서는 중국계 주민이 이들 나라의 국제이민자 가운데 가장 많은 수를 차지하고 2000년 이후 연평균 약 8%씩 늘어나고 있다. 이처럼 중국은 단기간에 '국제이민의 최대 공급원'이 되었다.

중국계 인구의 증가에는 이번 장에서 논한 유학생의 증가도 일조하는데, 이것이 해당 국가에 초래하는 변화를 보면, ① 해당 국가의 유학정책이나 이민정책 또는 노동정책의 내용, ② 중국계 주민과 해당 국가의 역사적 관계, ③ 중국계 인구의 증가 속도나 해당 국가에서 받는 대우, ④ 유입하는 중국계 인구의 특징(합법적 이민인지, 비합법적 이민인지 등), ⑤ 해당 국가에서 중국계 인구가 차지하는 비율 등 여러 요인에 따라 그 구체적인 양상이 달라진다. 그런데 사회적 위치 상승을 꿈꾸고 유학을 떠났으나, 그 꿈이 깨져 유학한 현지에서 범죄를 저지

르고 그것이 결국 중국의 국가 이미지 악화로 이어지는 사례도 없지 않다.

특히 학비가 상대적으로 저렴해 가족이나 친척에게서 유학에 필요한 초기 비용 일부를 빌리면 아르바이트를 통해 학비를 조달하는 것이 가능한 일본은(淺野愼一, 2004) 중국으로부터 인생 역전을 꿈꾸며 들어오는 고학생이 많아 그러한 위험 요인을 더 많이 안고 있다.

2003년 6월에 일어난 후쿠오카 일가족 4명 살해 사건도 그러한 맥락에서 이해할 수 있다. 이 사건의 범인인 웨이웨이魏巍는 허난 성에서 고교를 졸업하고 다롄에서 일본어를 공부한 뒤 2001년에 일본으로 건너왔다. 부모는 그에게 300만 위안이 넘는 돈을 보태주었고, 친척들은 그의 장도를 비는 환송회까지 열어주었다. 일본에 온 웨이웨이는 후쿠오카대학에 두 번 응시했으나 모두 낙방했다. 돌아가고 싶어도 돌아갈 수가 없었다. 인터넷 카페에서 알게 된 중국인 점장과 함께 강도와 절도를 벌였고, 끝내 강도 살인을 저지르고 말았다. 이러한 사례가 적지 않은데, 그것이 중국에 대한 일본인의 이미지 악화('범죄자가 많다')로 이어지고 있다(≪朝日新聞≫, 2010.1.31).

중국 내에서도, 빈곤을 벗어나기 위해 교육에 많은 투자를 했으나 그것을 미처 회수하지 못한 상태에서 문제가 터지는 사례가 빚어지고 있지만, 해외 유학은 그것으로 얻을 수 있는 것이 큰 만큼 위험성 역시 크다. 유학생이 범죄에 손을 대는 현상은 해외 유학에 내포된 그늘이라 하겠다.

## 4. 맺음말

마치 도시에 온 농민공이 도시 주민의 차가운 시선을 받고 그들에게 적의를 느끼듯이, 해외로 나간 중국인 유학생이 아르바이트를 하다가 현지 시민들의 차가운 시선을 받고 "중국(중국인)을 멸시한다"면서 적의를 키우고 민족 감정을 강화하는 경우가 적지 않다(Liu, 2005).

중국이 전에 없이 많은 유학생을 배출하기 시작한 지 10년이 흘렀다. 사비 유학생이 급증하고 인재 쟁탈전이 세계적 규모로 격화된 것은 중국의 경제 발전에 큰 기여를 해왔지만, 이와 동시에 중국 내 격차와 불평등을 만들어내는 기능도 해왔다. 개혁개방 이후 30년에 걸친 중국 교육개혁에서 찾아볼 수 있는 가장 큰 특징으로 중국과 세계의 이러한 상호연관성 강화를 꼽는다 해도 지나치지는 않을 것이다.

# 제6장

# 개혁개방 30년

## 교육 속 '중국의 문제'

2008년에 개혁개방 30년을 축하하기 위한 각종 행사가 열렸다. 교육에 대해서도 예외가 아니었다. 많은 심포지엄이나 워크숍이 개최되어 이 30년 동안에 교육사업이 어떻게 발전해왔는지, 그리고 그것을 어떻게 평가할 것인지를 두고 많은 논자가 토론에 참가했다.

그들 대부분이 개혁개방 30년을 긍정적으로 파악했고, 일부는 그것을 "중국이 교육대국으로 떠오르는 과정"으로 이해하기도 했으나(改革開放30年中國敎育改革與發展課題組, 2008), 중국은 격차와 불평등을 둘러싼 교육상의 문제를 안고 있는 것이 분명하며, 앞으로 중국의 미래는 그러한 '중국의 문제'를 어떻게 해결해나갈 것인지에 크게 좌우될 것이다.

## 1. 빈곤 지역의 취약한 의무교육 기반

앞서 이야기했듯이 문화대혁명이 끝난 뒤 중국에서는 경제 발전을 위한 노동자 양성이 중요시되었는데, 그 결과로 초등교육이나 전기 중등교육의 필요성이 강조되었고, 더 나아가 1982년에 제정된 '중화인민공화국 헌법'에 "중화인민공화국의 공민은 교육을 받을 권리와 의무를 가진다"(제46조)라는 규정이 들어가게 되었다.

1986년 4월 12일에는 '중화인민공화국 의무교육법'이 제정되어 "국가, 사회, 학교, 가정은 법에 따라 학령아동과 소년들이 의무교육을 받을 권리를 보장한다"(제4조)라고 규정했다. 이로써 마침내 의무교육이 법적 뒷받침을 받게 되어 아동이 교육을 받는 것이 권리로서 인정되었다. 그리하여 중화민국 시기 이래 주된 현안이었던 의무교육 도입이 마침내 이루어졌던 것이다.

### 의무교육을 둘러싼 이상과 현실

의무교육법에 따라 학비는 면제되었으나, 현실적으로 몇 가지 요인이 아동의 취학을 저해하고 있었다. 특히 빈곤 지역은 의무교육 기반이 여전히 취약하다는 문제를 안고 있었다.

닝샤 후이족 자치구의 후이족을 예로 들어보겠다. 후이족이란 중국어를 모국어로 사용하는 이슬람교도를 말하는데, 중국이 당나라 때부터 원나라 때까지 서방으로 영토를 확대하면서 동서 교류를 활발히 하던 시기에 중동에서 중국으로 들어온 아랍계·페르시아계·터키계

민족을 기원으로 한다. 이들은 정주화에 따라 한족 등과의 혼혈이 진행되면서 오늘날의 후이족 사회를 형성했는데, 이슬람교에 대한 강한 신앙심이 민족 정체성의 기반이 된다(中田吉信, 1971: 131~157).

닝샤 후이족 자치구의 남부는 표고 1500~2000미터의 황토 고원지대로, 물이 부족해 거의 매년 가뭄 피해를 겪으며, 비가 여름에 집중적으로 내리는 탓에 토양 침식도 심각한데, 소수민족인 후이족은 이 황토 고원지대에 집중적으로 거주하고 있다(丁國勇, 1993: 10~96).

닝샤 남부는 1인당 연소득이 전국적으로도 낮은 편에 속하여 가난한 현이 많이 분포해 있다. 교육도 뒤떨어져 학령아동의 취학률이 전국 평균보다 일관되게 낮다. 특히 닝샤에는 미취학 아동 가운데 여아가 많다는 것이 특징이다.

1989년의 조사에 따르면, 7~11세의 학령아동 미취학자 3만 2232명 가운데 여아가 95.6%에 달했다. 또한 닝샤 전체의 소학교 학령아동 취학률이 94.0%인데, 남부 산악지역의 후이족 여아 취학률은 60% 정도에 그친다(寧夏女童敎育硏究課題組, 1995: 56~82).

여아를 중심으로 미취학 아동이 많은 것은 다음 다섯 가지 원인이 복합적으로 작용하기 때문이다(新保敦子, 2003: 35~45).

첫째는 닝샤 남부의 빈곤문제다. 중국에서는 1986년에 의무교육법이 시행되면서 수업료는 무료가 되었지만, 교과서 대금[1] 등 잡비는

---

1   1990년대에는 교과서 대금이 일본 엔화로 1000엔 정도였다. 농민 1인당 연소득이 2000엔인 지역에서 이는 부담할 수 있는 금액이 아니었다.

계속 징수되었다. 따라서 교과서 대금을 낼 수 없는 빈곤 가정에서는 자식을 학교에 보낼 수 없었다.

둘째는 남존여비 관념이다. 여자는 시집을 가면 남의 집 사람이 되기 때문에 돈을 들일 필요가 없다고 생각하는 사람이 적지 않아, 취학에서도 남아가 우선이 되고 여아는 그다음이 되기 쉽다.[2] 또한 여아 가운데서는 일반적으로 나이가 더 많은 여아가 우선시된다.

셋째는 여성 교원의 부족이다. 후이족 지역에서는 이슬람이라는 종교적 요인 때문에 남녀의 동석이나 교류가 제한된다. 출가 전의 딸이 성인 남성이 있는 곳에 가면 상처를 입는다고 간주되기 때문이다. 또한 조혼 풍습이 있어서 15~16세에 약혼 또는 결혼하고 17세에 한 아이의 어머니가 되는 일이 드물지 않다. 여아가 소학교 고학년이 되면 벌써 결혼 적령기가 되기 때문에 부모들은 여성 교원이 없는 학교에 딸을 보내지 않게 된다. 한편 이 지역에 여성 교원 수가 적은 것은 여아 취학률이 낮은 결과이기도 하다. 또한 한족 여성 교원을 이 지역 농촌에 파견하더라도 환경이 가혹하여 정착하기가 대단히 어렵다는 사정도 있다.

넷째는 가정환경이다. 후이족은 소수민족이어서 '한자녀정책'의 대상이 되지 않았기 때문에 대개 형제자매의 수가 많은데, 여아는 전통적으로 어린아이 돌보는 일을 맡아왔다. 또한 후이족 가정에서는

---

2  특히 고학년 여아의 중도 퇴학이 뚜렷하게 많다. 학급에 여학생이 한두 명밖에 없는 사례도 적지 않다.

어머니가 문맹이고 딸은 학교에 보낼 필요가 없다는 생각이 지배적이라는 것도 여아의 취학 기회를 박탈하고 있다. 닝샤에서는 문맹률이 높은데, 1990년 인구센서스에 따르면, 후이족이 많이 살고 남부 산지에 있는 시지西吉 현은 여성의 문맹률이 83.4%에 달한다. 이처럼 닝샤의 여성 문맹률이 높은 것은 역사적으로 반복되어온 여아 미취학 문제의 악순환이 초래한 결과다.

다섯째는 학교와 교실의 부족이다. 학교가 멀리 있고 산길을 가야하기 때문에 어린 학생들이 다니기에 곤란하다. 본래 중학교에 들어갈 나이인데도 소학교에 다니는 학생도 적지 않다. 게다가 소학교 자체의 교육 조건이 열악하여 구조적으로 위험한 상태인 학교 건물이 많고 교실 부족 문제도 심각하다. 1994년에 방문한 구위안固原 현 펑바오彭堡 향의 Y소학교에서는 흰개미 때문에 지붕이 무너져 소학생들이 지붕이 없는 교실에서 수업을 받고 있었다. 이러한 위험 교사가 1990년대 닝샤 남부에는 결코 드물지 않았다.

1990년대 후반기 들어 9년간의 의무교육을 2000년까지 도입한다는 것이 국가적 과제가 되었다. 국가의무교육공정 등 대형 프로젝트가 수립되는 등 의무교육 실시가 추진되었다.[3] 공산당 청년단 산하의 '중국청소년발전기금'에 의해 '희망공정'이라는 이름의 교육 지원 프로젝트가 실시되고, 빈곤 지역 아동에게 장학금이 지급되었다.[4] 나아가

---

**3** '중국교육개혁발전강요'(1993년)에 2000년까지 의무교육을 보급한다는 것이 규정되었다. 국가의무교육공정에 따라 소학교들이 건설되었다.

세계은행이나 유네스코, 유니세프 및 그 밖의 국내외 NGO까지 중국의 교육을 지원한 것도 힘이 되어 중국의 취학률이 향상되었다.

2006년에는 의무교육법이 개정되어 학비뿐 아니라 잡비도 징수하지 않게 되었다. 의무교육법 개정과 연동하여 '두 가지 면제, 한 가지 보조' 정책이 실시되었는데, 2006년 봄의 신학기부터 서부 지역 농촌의 소학교에서는 교과서 대금과 잡비가 면제되고[5] 기숙사 비용이 보조되기 시작했다.

이러한 시책의 결과로 농촌지역에서도 취학률이 100%에 가까워지면서 미취학 아동 문제가 거의 해결되고 있다. 그러나 다른 한편으로는 학생에게 제반 경비를 징수할 수 없게 되어 학교 운영비가 부족하거나 교사의 소득이 저하되는 등의 현상이 나타나게 되었다. 취학을 둘러싼 여러 어려움이 아직 해결되지 않은 농촌도 여전히 존재한다. 특히 후이족 등 소수민족이 많이 사는 촌에서는 문화적 요인이 복잡하게 얽혀 있어, 취학 촉진을 위한 조치들이 '한화漢化 정책'이라 하여 반발을 사는 일이 흔히 일어난다.

---

4 소학교를 졸업할 때까지 장학금을 지급하는 것이다. 이와 더불어 중화전국부녀연합회는 춘뢰계획(春蕾計劃)에 따라 여아를 주요 대상으로 하는 교육 지원에 나섰다.

5 2007년부터는 전국 농촌지역으로 확대되어 도시지역 소·중학생에 대해서도 면제되기 시작했다.

## 2. 도시와 농촌 간 교육 격차 확대

중국에서 도시와 농촌 간 격차는 크다. 도시와 농촌이라는 출생
지역의 차이가 교육 격차를 만들어내고 그것이 교육 격차를 한층 심화
시키고 있다.

### 교육 내용이나 설비를 둘러싼 격차

첫째로 교육 내용을 둘러싼 격차를 살펴보면, 예를 들어 외국어
교육은 소학교 3학년부터 주 2단위씩 가르치게 되어 있는데, 도시지
역에서는 소학교 1학년 때부터 영어교육을 실시하는 학교가 많다.
2005년에 조사의 일환으로 필자(신보 아쓰코)가 견학을 간 상하이 소
재 소학교 1학년 교실에서는 영어만으로 수업이 진행되고 있었는데,
"I like blue(orange, yellow……) color." 같은 구문을 반복해서 연습하
고 있었다.

중국은 영어교육을 소학교 저학년부터 시작하고 반복 연습을 철
저하게 하는 덕에 말하기 수준은 일본보다 훨씬 앞서가고 있다. 내용
적으로도 수준이 높은데, 소학교 학생을 대상으로 한 부교재가 일본의
중학생 수준의 내용을 담고 있다.

한편 농촌지역에서는 소학교 3학년부터의 영어교육이 이제 겨우
시작되고 있는데, 담당 교사를 확보하지 못한 학교에서는 여전히 수업
을 하지 않고 있다. 그런데 영어가 대학입시 과목이기 때문에 농촌지
역 출신은 절대적으로 불이익을 받는 셈이다.

다행히 대학에 진학하는 데 성공했다 하더라도 어렸을 때부터 영어를 공부해온 도시 출신자들을 당해낼 수 없는 문제도 있다. 필자(소노다 시게토)의 지도하에 있었던 한 학생이 중국의 농촌 출신 대학생을 대상으로 그들의 의식을 조사한 적이 있는데, 그 결과 특히 영어와 관련하여 도시 출신자에 대한 콤플렉스가 있는 학생이 아주 많다는 것을 확인할 수 있었다(陳曄, 2009). 그 정도로 도시와 농촌 간 교육 격차가 크다.

둘째로 비품이나 설비 등의 부분에서도 도시지역은 많은 혜택을 받고 있는데, 도시지역 소학교에서는 컴퓨터를 이용해 학습할 수 있는 환경이 갖춰져 있다. 예를 들어, 베이징사범대학 부속 소학교[6]에서는 소학생들에게 스스로 주제를 정해 컴퓨터로 검색하여 보고서를 써 내라는 과제를 주고 그것도 컴퓨터로 입력하여 제출하게 하고 있다.

농촌 소학교에서도 서서히 컴퓨터가 보급되고 있다. 그러나 주로 교원 연수용으로, 사무실에 단 한 대가 배치된 경우도 적지 않다.[7] 그런 경우에는 교사가 그 컴퓨터를 이용해 학생들에게 인터넷 기반 프로그램을 돌려 보이기도 하지만 학생들이 컴퓨터를 직접 다뤄볼 기회는 적다.

그 밖에 도서나 악기, 실험 기구, 체육 용품 등 비품도 도시지역

---

6  베이징사범대학은 전국의 사범계 대학 가운데 최상위에 자리한 학교이고, 그 부속 소학교에는 우수한 교원들이 모여 있다.
7  간쑤 성에서 2008년에 시행한 농촌 소학교 조사에 따르면, 농촌 아이들의 꿈은 졸업하기 전에 컴퓨터를 만져보는 것이었다.

소학교에는 갖춰져 있지만 농촌지역 소학교에서는 예컨대 도서실에 책이 있더라도 자물쇠가 채워져 있는 경우가 많다.[8] 문화적 환경이 갖 춰지지 않은 농촌지역에서는 학교 도서실이 문화와 접촉할 수 있는 귀 중한 장소인데도 말이다.

### 적은 교육예산이라는 제약 조건

도시와 농촌 간 이러한 교육 격차의 요인으로서 교육예산이 부족 하다는 문제가 있다.

2006년 현재 정부의 교육 관련 예산이 GDP에서 차지하는 비율은 3.0%로 세계 평균인 4.7%를 밑돈다. 일본이나 한국도 마찬가지인데, 교육열이 높은 동아시아 나라들은 교육비의 많은 부분을 가계에 의존 하고 있기 때문에 가계의 격차가 교육의 격차로 직결되기 쉬운 구조를 지니고 있다.

도시와 농촌 간 교육 격차를 만들어내는 또 하나의 큰 요인으로 도시와 농촌 간 교원의 격차가 있다. 도시지역에는 우수한 교원이 모 이지만 농촌지역에는 조건이 열악한 탓에 교원이 안심하고 일에 전념 하지 못하거나 기간제 교사가 많다는 등의 문제가 있다.

1994년에 교사법이 채택된 뒤로는 교원 고용이 일반적으로 학교 마다 교원을 모집하는 방식으로 이뤄진다. 다시 말해, 기왕의 종신고

---

**8**   정부 또는 국제기구나 NGO의 지원으로 도서나 비품이 기증되기도 하지만, 비품 이나 도서의 정리, 운용이 쉽지 않다는 데에 농촌 교육의 문제가 있다.

용제를 탈피해 교사와 학교 간에 계약을 맺고 일하는 자유계약제로 바뀌게 된 것이다. 학교의 심사에 합격하면 학교와 1~3년의 계약을 체결할 수 있다. 이 때문에 조건이 좋은 도시지역 학교에 교원들이 쇄도하고 있다.

닝샤의 어느 농촌지역 조사에 따르면, 약 5%의 우수한 교사들이 베이징이나 상하이, 광둥, 인촨(닝샤 후이족 자치구의 수도) 등 도시지역 학교로 자리를 옮기고 있다고 한다. 중국에서는 농촌에서 도시 학교로 전근시키는 것을 교사들의 의욕을 북돋우는 동기 부여책으로 사용하고 있는 것이다.

그런데 일단 농촌에 배정되면 도시지역 학교로 전근하기는 쉽지 않다. 필자(신보 아쓰코)는 1995년 이래 닝샤의 구위안사범(중등 전문학교)을 졸업한 후이족 여자 사범생들의 추적 조사를 실시한 바 있는데, 이 조사에 따르면 여성 교사는 5년 정도 촌村의 소학교에서 근무한 다음 향鄕(진鎭을 포함하여)의 소학교를 거쳐 도시지역의 소학교로, 점차 조건이 좋은 학교로 이동하는 사례가 많았다. 그러나 10년이 지나도 촌의 소학교에 머물고 있는 사례도 있었고, 졸업 후 바로 도시지역 소학교로 배정된 사례도 있었다.

배정을 규정하는 요인에는 여러 가지가 있는데, 결원 발생이나 전문적 필요에 따라 이루어질 수도 있고 각 현의 고유한 사정에 의해 이루어질 수도 있다. 한편 담임한 학급의 시험 성적이 좋으면 전근에 가점을 받을 수 있다.

이와 더불어 부친이 간부나 관료라면 도시지역 학교로의 이동이 비교적 빨라지고, 부친이 농민이라면 이동이 지체되기 쉽다. 중국 특유의 '관시關係'가 이동에 큰 영향을 미치기 때문인데, 그 결과 가난한 농촌 출신의 여성 교사라면 졸업 후 몇 년이 지나더라도 가난한 농촌의 소학교에 머물러 있기 쉽다.

### 농촌 교원을 둘러싼 열악한 노동환경

여성 교사들은 사명감이 강하고 아이들을 좋아한다. 자신의 일에 자부심을 느끼며 열심히 일한다.[9] 또한 가난한 산촌의 아이들을 상급학교에 진학시키기 위해 고군분투하고 있다. 그러나 출신지에 따른 교육 격차가 뚜렷한 중국에서 산촌의 아동이 소·중학교에서 고교·대학으로 진학하는 것은 쉬운 일이 아닌 만큼 농촌 여성 교사의 노력이 보답받는 일은 많지 않다.

농촌지역 소학교의 여성 교사 중에는 가난한 아이들의 학업이나 생활을 돕고 있는 이가 많아, 열정이 큰 교사일수록 생활에 어려움을 겪기 쉽다. 용무가 있어 외출할 때 옷차림이 초라한 탓에 옛 동급생과 마주치지 않도록 조심한다고 대답한 여성 교사도 있었다.

도시지역 소학교 교사와 농촌지역 소학교 교사 간의 격차가 확대되고 있어 근속기간이 긴 농촌지역 교사들 간에는 답답함과 피해의식이 확산되고 있다.

---

9  2004년에 필자(신보 아쓰코)가 닝샤의 농촌 여성 교원 60명을 대상으로 실시한 의식조사에 따르면, "나는 일이 즐겁고 아이들을 좋아한다"라고 응답한 사람의 비율이 80% 이상이라는 높은 수치를 보였다.

농촌 소학교의 한 여성 교사는 자신의 아이에게 질 높은 교육을 제공할 수 없어서 초조하다고 말했다. 또한 벽지 소학교에는 홀로 부임하여 고립된 채 살아가는 교사도 적지 않다. 자신의 급여를 노친의 생활비나 형제자매의 상급 학교 진학을 위해 쓰는 통에 아파도 병원에 가기 어렵다는 교사도 있었다. 그러한 상황에서 교육에 계속 열의를 품고 살기는 쉽지 않은 일이다.

사실 많은 농촌과 산촌에서는 심각한 교원 부족 상태를 임시교원을 이용해 겨우 해결하고 있다.[10] 중국에는 대약진 때부터 문화대혁명 시기까지 소학교가 급증했을 때 민영교사나 대용교원(임시교원) 등 정규 사범교육을 받지 못한 무자격 교원이 교육사업을 보완해온 역사가 있다. 문화대혁명이 끝나면서 민영교사 가운데 비교적 수준이 높은 자들을 공영교사로 삼는 등 민영교사를 없애는 정책이 수립되기는 했으나, 아직도 정규 사범교육을 받지 못한 대용교원이 교편을 잡고 있는 농촌이 존재한다.

교사를 둘러싸고 빚어지는 도시와 농촌 간 이러한 격차는 교육의 토대가 되는 기초교육 수준에서의 도시와 농촌 간 격차를 만들어내고 있다(王嘉毅, 2007).

**농민공에 대한 차가운 시선**

도시와 농촌의 격차는 사람들의 이동이 활발해지고 있는 상황에

---

**10** 전국에 36만 명의 임시교원이 의무교육에 임하고 있다(牛志奎, 2008: 72).

서 많은 모순을 만들어낸다. 농촌에서 도시로 나온 농민공들은 바로 그 모순에 직면하면서 생활하고 있다고 말해도 과언이 아니다(淸水美和, 2002).

중국에서는 타 지역에 함께 나가 일을 하는 부부가 많고, 부모를 따라 도시로 가는 어린아이도 많다. 그러나 도시 호적이 없기 때문에 도시의 학교에 입학하려면 상당한 금액의 학교선택비[11]를 내야 하는데, 그들에게 그런 여유가 있을 리 없다(余秀蘭, 2004). 결국 이들은 경비가 싸게 먹히는, 농민공 자제를 대상으로 한 '농민공자제학교農民工子弟學校'에 자식을 입학시키게 된다(史柏年 外, 2005).

최근 들어 학교선택비를 낼 필요가 없어져 도시 공립학교에 들어가는 아동이 늘었다고는 하지만, 농촌 출신 아동을 위한 자리가 남아 있지 않거나 농촌 출신이라 하여 멸시당하는 것 때문에 아예 농민공자제학교를 택하는 경우가 적지 않다(杜越 外, 2004).

그뿐 아니라 역설적인 일이지만 '능력이 있는 사람은 그만큼의 보답을 받는 것이 당연하다'는 능력주의적 가치관이 퍼진 까닭에 농민공(의 자녀)을 도시로 받아들이는 것에 대한 저항감이 좀처럼 약화되지 않고 있다.

〈그림 6-1〉은 2004년에 톈진 시 도시 주민에 대해서 실시한 조사로, "소질이 낮다", "문명 정도가 높다"는 말이 도시 주민과 외래 인구

---

11 결정된 학교 이외의 학교에 입학할 때에 내야 하는 경비로, 수천 위안에 달하기도 한다. 농촌 출신 아동은 호적이 농촌에 있기 때문에 도시지역 공립학교에 다니려면 지금까지 반드시 학교선택비를 내지 않으면 안 되었다.

그림 6-1 도시 주민과 외래 인구에 대한 인식 차이

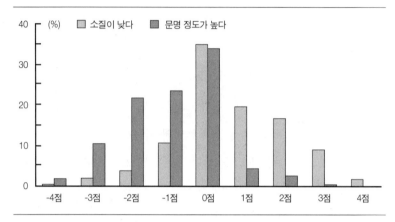

주: "소질이 낮다", "문명 정도가 높다"는 말이 도시 주민과 외래 인구에 각각 얼마나 해당하는지를 1점(대단히 그렇다)부터 5점(전혀 그렇지 않다)까지로 평가하게 한 다음에 전자에서 후자를 뺀 값이 어떻게 분포하지 나타낸 것. 점수가 마이너스이면 도시 주민에 해당하는 인식임을 가리킨다.
자료: 톈진 시 도시주민 조사(2004년).

에 각각 얼마나 해당하는지를 1점(대단히 그렇다)부터 5점(전혀 그렇지 않다)까지로 평가하게 한 다음 전자에서 후자를 뺀 값이 어떻게 분포 하고 있는지를 나타낸 것이다. 점수가 마이너스이면 도시 주민에 해 당하는 인식임을, 점수가 플러스이면 외래 인구에 해당하는 인식임을 가리킨다.

그림에서 보듯이 전체의 3분의 1 정도는 양자의 점수가 같았고, "소질이 낮다"를 상대적으로 외래 인구에게 돌린 사람이 50%, "문명 정도가 높다"를 도시 주민에게 돌린 사람이 60% 정도였는데, 이것은 도시 주민 가운데 "문명 정도가 높다면 교육 달성이나 커리어 형성을 통해 합법적으로 도시 호적을 얻을 수 있는 것이다"라는 의식이 강하게 존재하는 것을 반영한다. 그 때문에 현실적으로 "농민과 도시 주민의 제도적 신분 차별을 없애야 한다"라는 의견에 동의하는 목소리가 크지 않고, 농민공이 들어가는 곳의 지방정부가 그들을 재정적으로 지원하는 데 합의를 보는 것이 쉽지 않다.

### 확산되는 교육 자기책임론

〈그림 6-2〉는 "농민과 도시 주민의 제도적 신분차별을 없애야 한다"라는 말에 대한 톈진 시민의 반응을 1997년, 2005년, 2008년, 2009년 네 시점에 걸쳐 조사한 것인데(園田茂人, 2009: 51), 이 10여 년 사이에 "매우 그렇다" 또는 "그런 편이다"라고 답한 비율이 10%p 정도 떨어진 반면에 "모르겠다"라고 애매하게 답한 비율이 그만큼 늘어난 것을 볼 수 있다. 특히 "모르겠다"라는 응답은 도시지역 저소득층에게서 많이 볼 수 있었다(園田茂人, 2008a: 103).

게다가 최근 몇 년 사이 도시 주민들에게서 자녀 교육을 사적인 노력에 맡겨야 한다는 목소리가 커지고 있다. 〈그림 6-3〉은 2004년과 2009년의 두 시점에 톈진 시 도시 주민과 톈진에 유입해 들어온 외래 인구들이 '주택문제'에서 '빈곤문제'에 이르는 7개 문제의 해결 주체가 누구인가라는 물음에 대해 '정부'라고 응답한 자의 비율을 나타낸 것이다.[12] 외래 인구 중 자녀 교육을 정부가 책임져야 한다고 답한 비율

---

[12] 이 조사에는 아사히글라스재단의 재정 지원이 있었다(2004년 연구과제 '유동화하는 중국과 대도시 로컬 거버넌스의 변용: 톈진 시 사례를 중심으로', 2009년 연구과제 '현대 중국에서의 사회적 안정성에 관한 연구: 인구 이동의 관점에서').

그림 6-2 정부·정치사회·시민사회 세 영역

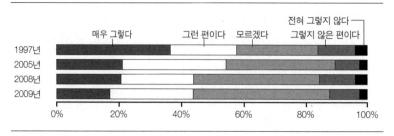

자료: 園田茂人(2009: 51).

그림 6-3 정부가 해결해야 한다고 여기는 문제에 대한 도시 주민과 외래 인구의 시각

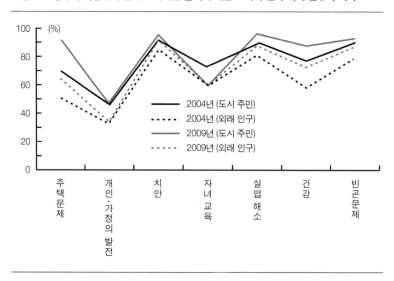

자료: 톈진 시 도시주민·외래인구 조사 결과(2004, 2009).

은 2004년 60.4%, 2009년 59.7%로 큰 변화가 없었다. 원래 정부의 각
종 보호정책의 대상이 되지 못했던 외래 인구들은 전체적으로 정부에
대한 기대가 도시 주민들보다 약했고 지금도 그런 상태에 있다.

그러나 도시 주민 중 자녀 교육을 정부가 책임져야 한다고 응답한
비율은 2004년 72.9%에서 2009년 59.8%로 5년 사이에 13%p 가까이
줄었다. 그리고 그만큼 스스로 책임져야 한다는 응답이 늘었는데, 이
는 도시지역에서 자녀 교육을 스스로 책임져야 한다는 자기책임론이
확산된 것을 반영한다.[13]

### 교육의 지역 간 격차의 배경에 있는 것

교육 자기책임론의 견지에서 보면 농민공의 교육 문제에 정부가
지원하는 것은 '과잉 간섭(개입)'이 된다. "본래 농민공의 자조 노력에
맡겨야 하는 것을 왜 도시의 지방정부가 관리하려 하는가"라는 것이
다. 도시 주민의 이러한 정신구조 변화는 외래 인구에 대한 교육 지원
을 둔화시키고 도시와 농촌의 교육 격차를 유지시키는 역할을 한다.

이와 동시에 교육개혁에 관한 권한의 지방 이양이 결과적으로 교
육을 둘러싼 지역 간 격차를 확대시키는 구조적 문제점을 지적하지 않
으면 안 될 것이다.

〈표 6-1〉은 교육비 전체에서 중앙정부 지출과 지방정부 지출이

---

13  다만 〈그림 6-3〉에서 볼 수 있듯이 모든 영역에서 자기책임론이 확산되고 있는
    것은 아니다. 주택문제나 건강의료 등의 영역에서는 역으로 2009년에 정부의 책
    임을 요구하는 목소리가 더 강해졌다.

표 6-1 교육비 전체에서 중앙정부와 지방정부의 지출이 차지하는 비율

| | 1997년 | | 2000년 | | 2005년 | |
|---|---|---|---|---|---|---|
| | 중앙 | 지방 | 중앙 | 지방 | 중앙 | 지방 |
| 교육경비 총계 | 11.1 | 88.9 | 11.9 | 88.1 | 10.1 | 89.9 |
| 그중 재정에 의한 교육경비 | 12.5 | 87.5 | 10.9 | 89.1 | 7.9 | 92.1 |

자료: 曾曉東·曾婭琴(2009:108).

차지하는 비율을 시계열적으로 나타낸 것인데(曾曉東·曾婭琴, 2009: 108), 교육경비 총액에서 재정이 차지하는 비중을 보면 1997년부터 2005년까지 지속적으로 줄어들어 2005년에는 그 비중이 7.9%에 그치는 것을 확인할 수 있다. 중앙정부에 의한 교육 자원 재분배가 거의 이뤄지지 않고 있는 것이다. 그 결과, 지역에 따라 교육시설을 충실하게 갖춘 곳과 그렇지 못한 곳 간의 격차가 확대되고 있다.

〈그림 6-4〉는 전 인구에서 대졸자가 차지하는 비율을 지역별로 나타낸 것인데(周仲高, 2009: 211~231), 베이징, 톈진, 상하이 같은 대도시에서 대졸자 비율이 빠르게 증가함으로써 구이저우貴州나 시장西藏 같은 내륙지역의 대졸자 비율과 격차가 확대되는 것을 볼 수 있다. 대졸자 비율의 지역적 격차가 이처럼 확대되는 것은 지역에 따라 대학 교육을 뒷받침하는 재정적 기반에 큰 차이가 있고 대졸 자격을 취득한 사람들이 대도시로 이전해버리는 사정도 작용한 결과라 할 수 있다.

그림 6-4 **지역별 전체 인구 대비 대졸자 비율**

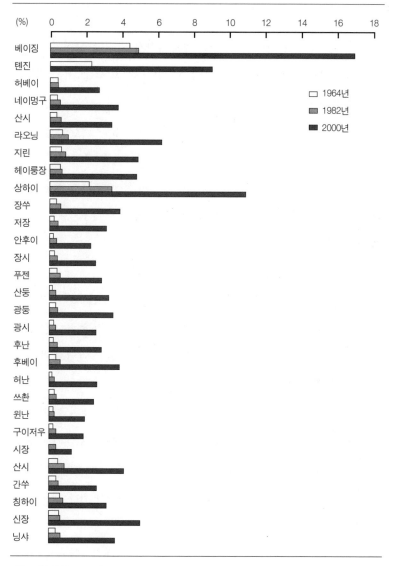

자료: 周仲高(2009: 211~231).

## 3. 입시 경쟁의 격화라는 병폐

이처럼 도시와 농촌 간, 지역 간에 격차가 있기는 하지만 – 아니 바로 그런 격차가 있기 때문에 – 입시 경쟁은 뜨겁고 그 뜨거운 기운이 중국 전체를 덮고 있다.

2009년 대학통일입학시험은 6월 8일부터 9일까지 실시되었는데, 전일제 대학의 모집 인원이 총 629만 명인 데 비해 응모자 수는 총 1020만 명이었다(http://caijing.com.cn). 입시 경쟁 격화는 우수한 학생을 빚어내는 한편으로 여러 가지 부정적인 효과를 낳고 있다.

### '한자녀정책'이라는 '압력솥'

첫째로 지적해야 할 것이 자녀 수가 줄어들면서 자녀에게 가해지는 압력도 커지고 있다는 점이다. '한자녀정책'에 따라 가정마다 교육 투자에 점점 더 집중함으로써 자녀들이 더욱더 치열한 입시 경쟁에 노출되고 있다.

도시지역에서는 중산층을 중심으로 조기 교육에 대한 관심이 커지고 태교가 중시되고 있다. 도회지 서점에는 아동서 코너가 설치되어 조기 교육을 위한 영어 교재, 중국어 교재, 수학 교재들이 진열되어 있다. 이는 도시지역 중산층이 문화적 우월성을 얻기 위해 교육에 대한 투자를 아끼지 않는 데 따른 것이다(陳曄, 2007).

우월성을 겨냥한 이러한 경쟁에서 오는 스트레스 때문에 중국에서는 소학생조차 '우울'이라는 말을 자주 쓰며 정신적 균형이 무너진 사례도 늘고 있다. 그 결과 아동의 신체에 시력 저하, 심각한 비만, 쉽게 피로해져 걷지 못하는 것 등 비정상적인 변화들이 나타나고 있다.

2005년에 실시된 교육부 조사에 따르면, 중학생의 약 60%, 고교생의 약 80%가 근시이다. 특히 남자의 비만율이 높아, 도시지역에서는 7~18세 남자 가운데 약 25%가 비만(WHO 기준)에 해당한다. 1985년의 조사에서 비만율이 0.2%에 지나지 않았던 것에 비하면 20년 사이에 125배나 증가한 것이다.

그뿐 아니라 아동·학생의 운동능력 쇠퇴나 도시지역 학생의 저체온 경향도 문제가 되고 있는데(野井眞吾 外, 1999: 29~42),[14] 시험이 아이들의 신체에 미치는 영향이 이처럼 심각한 상황이다.

## 농촌까지 휩쓴 시험 경쟁

문제는 도시지역에만 있는 것이 아니다. 이제 농촌지역이나 소수민족지역에서도 아이들이 시험공부에 매달리게 되었다. 사회적 계층 상승을 위해서는 학력이 필요하다는 의식이 생겨, 소수민족지역에서도 많은 부모와 자녀가 고교나 대학 진학을 희망하고 있다.

그렇지만 도시와 농촌은 출발선이 서로 달라 상급 학교에 진학하

---

14  일본에서도 1990년대 이후 저체온 경향이나 일일 체온 변화가 뚜렷한 아이들의 존재가 문제시되고 있다. 체온 조절이 잘되지 않아 변온동물화하고 있는 아이들에 관한 이야기이다. 저체온 경향의 원인으로는 결식, 운동 부족 등이 있다. 생활환경의 급속한 현대화가 아이들의 대응력을 떨어뜨리고 자율신경계의 발달 부전을 불러일으키고 있다.

표 6-2 **1977년과 2007년 학교 수 추이**

|  | 소학교 | | 중학교 | | 고등학교 | |
|---|---|---|---|---|---|---|
|  | 1977년 | 2007년 | 1977년 | 2007년 | 1977년 | 2007년 |
| 총계 | 982,000 | 320,061 | 136,365 | 59,384 | 64,903 | 15,681 |
| 도시 | 18,000 | 17,535 | 1,883 | 7,607 | 7,610 | 6,132 |
| 현진 | 15,000 | 30,942 | 3,217 | 18,735 | 6,377 | 7,637 |
| 농촌 | 949,000 | 271,584 | 131,265 | 33,042 | 50,916 | 1,912 |

자료: 中華人民共和國 教育部 發展規劃司(2008: 67, 126, 518~525); 中華人民共和國 教育部 計劃財務司(1984: 220).

는 데 뛰어넘지 않으면 안 되는 걸림돌이 몇 개 존재한다. 특히 고교 진학과 졸업이 곤란하다는 점을 지적하지 않으면 안 될 것이다. 중졸의 신분으로 도시에 일하러 나가면 단순한 농사일이나 탄광 노동 같은 불안정하고 위험한 일거리밖에 구할 수 없다. 그러나 고졸이라면 도시지역의 공장에서 상대적으로 급여가 많은 일자리를 찾을 수 있다. 중국에서는 고교 졸업자의 교육 수익률이 높은 편이어서 의무교육 단계의 중학교 졸업 후 고교에 진학해 졸업할 수만 있다면 상당한 장래성을 얻게 된다.

그러나 농촌지역에서는 고교의 수가 제한되어 있어 고교로 진학하는 것이 쉽지 않다. 〈표 6-2〉는 1977년과 2007년 두 시점에 걸쳐 도시, 현진縣鎭, 농촌의 각 학교 수를 나타낸 것인데, 교육의 효율화 또는 재정상의 문제로 학교 통폐합이 추진된 까닭에 농촌에서의 고등학교 수가 급감했음을 알 수 있다.

그 결과 농촌에서는 중학에서 고교로 진학하는 것이 어려워졌다.

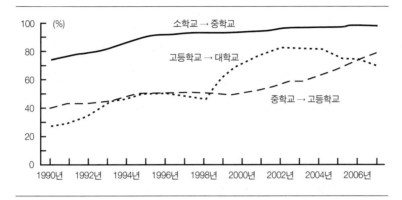

그림 6-5  **졸업생의 진학률로 본 시계열 변화**

자료: 中華人民共和國 敎育部 發展規劃司(2008: 16).

〈그림 6-5〉는 소학교에서 중학교로, 중학교에서 고등학교로, 고등학교에서 대학으로의 진학률을 전국 수준에서 시계열적으로 나타낸 것인데, 1999년 고등교육 개혁으로 고등학교에서 대학으로의 진학률은 급격히 높아진 데 비해 중학교에서 고등학교로의 진학률은 완만하게 상승했다. 이는 고등학교까지 진학하기만 하면 대학에 들어가기는 쉬워졌지만 중학교에서 고등학교로 진학하는 데에는 여전히 장벽이 존재한다는 것을 시사하는데, 이것 역시 농촌지역에서 고등학교 수가 감소한 데에 큰 원인이 있다.

## 4. 글로벌화 속의 소수민족 교육

시장경제의 진전이나 글로벌화의 진행은 소수민족의 교육환경에 큰 영향을 끼치고 있다. 교육 달성을 통해 어떻게든 부유한 생활수준에 도달한 사례도 있지만, 교육 때문에 고유의 문화를 유지하는 것이 어려워진 경우도 있다.

### 아랍어학교와 후이족 여성의 입지 강화

닝샤에 있는 후이족은 문화대혁명 종료 후 종교지도자들의 협조를 받아 공립 여학교를 건설했다.[15] 여자아이는 소학교 고학년 이상이 되면 이슬람 규범에 따라 남녀공학에 다니기 어렵기 때문이다.

또한 공립학교와 별도로 민간이 설립한 아랍어학교도 있다. 후이족은 이슬람에 강한 정체성을 두고 있어 닝샤나 간쑤의 후이족 거주 지역에는 훌륭한 모스크들이 있고 거기서 아랍어를 가르치고 있다. 여성을 위한 아랍어학교(이슬람 여학교, 이하 '여학교'로 줄임)도 있어 그 경내에 들어서면 이슬람 여성 청년들이 코란을 낭랑하게 암송하는 소리가 들려온다.

여학교에서의 배움에 대한 만족도는 높다. 예컨대, 2005년에 닝

---

15  예를 들어, 퉁신(同心) 현의 하이루(海如) 여자중학교는 종교지도자 훙(洪) 씨가 자금을 내어 건설한 학교다. 여자중학교였기 때문에 후이족 여학생들이 안심하고 기숙할 수 있었는데, 이 학교는 2002년에 남녀공학이 되었다. 중국공산당이 실시한 남녀평등 정책을 반영한 것이다.

샤 후이족 자치구 퉁신 현의 어느 여학교에서 필자(신보 아쓰코)가 실시한 조사 때 한 여성 청년은 "꼭 이 학교를 희망해서 온 것은 아니고 될 수 있으면 고등학교에 들어가 계속 배우고 싶었습니다. 하지만 여기서 귀중한 기회를 얻게 돼서 기쁩니다"라고 말했다. 회교 지역에서는 조혼 풍습이 남아 있어 학교에 다니지 않고 집에 있으면 15세 정도만 되어도 원치 않는 결혼을 강요받게 된다. 여성 청년들은 여학교에 다님으로써 봉건적 족쇄에서 해방되고 있다고 할 수 있다.

이러한 여학교는 정부의 보조를 받지 않는데, 그런 까닭에 공립학교에 비해 교육환경이 열악하다. 기자재나 책이 부족한 데다 좁은 교실에 너무 많은 학생을 수용하는 곳도 적지 않다. 그렇지만 여학생들의 의욕은 높다. "훗날 파키스탄이나 말레이시아 등 해외로 유학을 가고 싶다"라는 꿈을 이야기하는 학생들도 있었다.

아랍어학교의 교육 내용은 코란이나 아랍어 학습을 중심으로 한다. 코란의 학습을 바탕으로 한 종교교육은 인간으로서의 덕을 함양시키고 도덕적 규범을 부여할 뿐만 아니라 사회적 역할 의식 — 여성의 역할은 다음 세대로 생명을 이어주는 데 있다고 쓰여 있다 — 을 부여한다. 또한 아랍어를 배우면 통역을 할 수 있는 길이 열린다.

실제로 여학교를 졸업한 다음 광둥 성의 광저우나 저장 성의 이우에서 아랍 상인을 상대로 한 아랍어 통역으로 일하는 자가 최근 들어 늘고 있다.[16] 중국이 세계의 공장이 되었기 때문에 아랍 상인들이 값싼 중국 제품들을 구하기 위해 광저우나 이우를 찾아올 뿐만 아니라, 중국이 중동에 대한 경제 진출을 시작해 아랍어 통역 수요가 커졌다.

2007~2009년에 이우와 광저우에서 필자(신보 아쓰코)가 여학교를 졸업한 여성을 대상으로 실시한 조사에 따르면, 통역을 하면 2000~3000위안 정도의 소득을 올리는데, 이는 보통학교를 졸업하고 닝샤에서 취직해 받는 소득의 거의 2배를 넘는 액수이다(新保敦子, 2008a: 12~14). 그녀들은 그중 500~1000위안을 고향 닝샤에 보내고 있는데, 이것이 고향 경제에 보탬이 되고 있다.

후이족은 문화적으로 가까운 아랍어를 학습함으로써 중동이나 아프리카의 이슬람 상인들을 중국과 연결해주는 역할을 하고 있고, 통역자가 되거나 새로운 사업을 일으키는 등 경제적으로 발전하고 있다. 글로벌 경제와의 접촉면이 늘어난 것이 후이족 여성의 입지 강화로 이어지고 있는 것이다.

### 한화하는 티베트족의 우울

그에 비해 티베트족의 상황은 상당히 우울하다. 소수민족은 현재 학교교육에서 보통학교와 민족학교 중 어느 쪽을 선택할 것인가라는 큰 과제에 직면해 있다. 소수민족 구성원은 학교에서 한어를 제대로 배우지 않으면 자치구 내에서도 일자리를 확보할 수 없기 때문에 많은 이가 보통학교로 입학하기를 희망한다. 그리고 부모의 자식에 대한

---

**16** 이우는 항저우에서 남서쪽으로 100km쯤 떨어진 저장 성 중앙에 위치해 있는데, 거대한 도매시장이 있는 것으로 널리 알려져 있다. 일본의 '100엔 숍'의 구입처이기도 하다. 사우디아라비아나 이란, 시리아, 모로코, 파키스탄 등에서 많은 아랍 상인이 대량 구매를 위해 방문하고 있어 아랍어 통역이 필요한 상황이다.

학력 기대도 높아 대학까지 진학을 희망하는 가정도 적지 않다.

그 결과 다른 소수민족지역들과 마찬가지로 모어를 말하지 못하는 티베트족이 급증하고 있다.[17] 한어는 — 학교에서 배운 대로 — 사투리 없는 표준말을 사용하고 있지만 티베트어는 말할 줄 모르는 젊은이가 적지 않다.

게다가 학교 기숙사에 거주하면서 가족과 이별해 있어야 하는 것이 소수민족으로 하여금 모어를 더욱 멀리하게 하고 있다. 2008년의 통계에 따르면, 소학교 학령아동의 취학률이 99.5%, 중학교는 98.5%이다(中華人民共和國 敎育部 發展規劃司, 2009: 15). 중국은 국토가 넓고 산간부에 살고 있는 소수민족이 많은데도 소·중학교 취학률이 이만큼 높은 것은 기숙제도를 충실하게 갖추고 있기 때문이다. 그런데 기숙사에 거주하려면 아이(또는 학생)가 가족의 품을 떠나야 한다. 소수민족은 그 민족의 문화권을 떠나 한어나 한족 문화를 배우게 되는데, 이것이 민족문화의 계승·발전에 큰 걸림돌이 되고 있다.

가족의 품을 떠나야 하는 아이의 모습은 호주의 '스톨른 칠드런(stolen children)'[18]을 떠올리게 한다. 그래도 학교교육을 받아 한어를 말할 수 있지 않으면 취직이 어려운 것이 현실이다. 후이족처럼 해외

---

17  간쑤 성의 간난 티베트족 자치주 샤허 현에서 호텔 종업원들에게 티베트어로 '안녕하세요'를 어떻게 말하는지 물었더니 그곳에 있던 티베트족 직원 가운데 아는 사람이 없어서 전화로 다른 종업원에게 묻고 있었다. 모어를 잊어버릴 정도가 아니면 좋은 일자리를 얻을 수 없는 것인지도 모른다.

18  부모에게서 강제적으로 분리되어 백인 문화 환경 속에서 철저한 백인 동화 교육을 받아야 했던 호주 원주민 애버리지니(Aborigine)를 일컫는 말이다.

와의 연결고리가 있다면 자신의 문화유산을 이용해 자신의 입지를 강화할 수도 있겠지만, 티베트족에게 한족과의 융화·융합 이외에 다른 길의 가능성은 적다.

필자(신보 아쓰코)는 간쑤 성의 유목민 게르에서 티베트족 소년을 만난 일이 있는데, 그는 소학교를 중퇴해 한어를 말할 줄 몰랐다. 그로서는 한어를 말하지 못한다면 계속 유목민으로 살아가는 수밖에 다른 길이 없었다. 자원이 적은 티베트족에게 민족교육의 고민은 깊어만 가고 있다.


## 5. 사회주의 이데올로기의 쇠퇴와 애국주의 교육의 향방

시장경제화의 진전은 경제 격차를 키웠고 농민과 노동자를 대표하는 전위정당이라는 중국공산당을 기득권 집단으로 바꿔놓았다. '사회주의 시장경제'라는 이름의 자본주의화는 오랫동안 중국의 교육을 떠받쳐온 사회주의 이데올로기를 약화시키고 있다.

그런 가운데 유학의 국학화를 주장하는 집단이 나타나는 등(康曉光, 2005) 사회주의 이데올로기의 위기를 지적하면서 정통성을 담보하는 새로운 이데올로기의 필요성을 지적하는 목소리가 커지고 있다. 애국주의 교육의 대두는 이러한 문맥에서 이해할 수 있다.

## 애국주의 교육이라는 대체 이데올로기

소수민족지역의 학교에 가보면 교실 가운데 등 눈에 띄는 장소에 마르크스, 레인, 스탈린, 마오쩌둥 등의 초상화가 걸려 있어 충실한 중국 국민으로 육성하기 위한 국민교육이 실시되고 있다는 것을 느끼게 된다. 교원은 학생에게 교원양성기관에서 배운 내용을 가르치는데, 정치나 한어 등 한족을 표준으로 한 전국 공통의 교육과정에 의거할 뿐 그 지역이나 민족 고유의 문화에 의거하지는 않는다.

1990년 이래 중국의 애국주의 교육 강화와 일본의『새로운 역사 교과서』출현을 계기로 두 나라 간에 역사 교과서 문제가 대두되었다. 그러고 난 뒤 몇 년 사이에 중국에 호감을 갖는 일본인의 비율이 감소하고 있는데 그 배경의 하나로 교과서 문제가 있다.

1949년에 중화인민공화국이 수립된 이후 중국에서는 역사교육이 중시되어 중·고교 교육과정에서 역사는 국어, 수학, 외국어 다음의 주요 과목으로 여겨진다.

1990년대 들어 애국주의 교육이 강화되었는데, 그 계기가 된 것이 1989년의 톈안먼 사건이다. 학생들의 민주화 운동에 따른 혼란을 억제하고자 중국공산당은 사상·정치 교육을 통한 단속을 도모하면서 근대사 수업 시간을 늘렸다.[19]

이런 움직임 속에서 고교용 새 역사 교과서로『중국근현대사 상·

---

**19** 고교 역사 수업은 원래 고교 1학년에서 주 3단위였는데, 1990년부터 고교 1, 2학년에서 주 2단위, 합계 4단위로 증가했다. 그리고 근대 부분이 늘어나 근대는 필수과목(4단위), 고대는 선택과목(2단위)이 되었다.

하』(1992년), 그리고 중학교용으로『중학 역사』(1991년)가 출판되었다. 1990년대판『중학 역사』를 1980년대판과 비교해보면 난징대학살이나 점령구에서 일어난 일본군의 잔학한 통치나 약탈이 상세하게 기술되어 있다.[20]

### 중국판 '교과서 문제'의 향방

이어 2001년에 교육과정의 전면 개혁이 이루어졌는데, 이를 통해 기존에 번잡하고 어려웠던 내용을 좀 더 쉽고 단순하게 다듬었다.

첫째로, 중학교 역사 교과서인『중학 역사』(2001년 제1판, 人民敎育出版社)의 학습 내용에 대한 엄선이 이루어졌다(弓削俊洋, 2003: 66~77). 중일전쟁을 다루는 제4책의 문자 수가 1990년대판은 27만 자였는데 이것이 13만 4000자로 줄어들었다. 내용의 정선에 따라 중일전쟁에 대한 기술이 58쪽에서 19쪽으로 줄고 그 대부분이 난징대학살에 대한 기술에 할당되었다.

둘째로, 이것은 상하이판 고교 교과서『역사』(2002년)의 특징인데, 자료가 중시되었다는 점을 들 수 있다. 난징대학살 희생자 수를 기존의 공식 견해에 따라 30만 명으로 기술하면서도 극동국제군사재판소의 판결문에 의거한 '20만 명 이상'이라는 숫자도 병기하고 있다(上海市 中小學課程 改革委員會, 2003). 지금까지 근거가 애매하고 정확성

---

20 중일전쟁을 수록한 제4책의 문자 수는 1980년대판이 10만 2000에서 1990년대판이 27만 자로 증가했다. 731부대에 관한 설명에서도 인체실험에 관한 삽화를 포함했다.

이 결여된 '30만 명'이라는 말이 사용되어온 것을 생각하면 자료를 근거로 역사를 말하게 했다는 점을 충분히 평가할 만하다.

이런 가운데 2006년에 한 역사학자가 ≪빙점冰點≫에 역사 교과서의 기술을 바로잡아야 한다는 논문을 실었고, 그 결과 당국이 이 학술지에 대해 발행정지 처분을 내리는 사건이 발생했다(袁偉時, 2006). 해당 논문의 요지는 중국 측이 일본의 역사 교과서들을 상대로 "역사 왜곡이 있다"라고 비판하고 있지만 "우리 근대사관에도 비슷한 문제가 있다"라는 것이었다.

또한 2006년 9월부터 상하이의 중·고교에서 사용된 역사 교과서 『고교 역사 교과서』(蘇智良 編, 이하 '개정판'이라 부름)를 둘러싸고 비슷한 소동이 일어났다. 이 개정판은 기존의 혁명 중심 사관, 계급투쟁 사관으로부터의 전환을 염두에 두고 중일전쟁에 관한 기술을 대폭 줄이는 한편, 경제나 기술, 글로벌화, 사회적 규범이나 인권, 3권 분립 등에 관한 기술을 늘렸다.[21] 개정판은 정부의 심사를 통과해 3년의 시용 기간을 거쳐 2006년부터 정식으로 채택되기에 이르렀는데, ≪뉴욕타임스≫에서 이 책을 소개하면서부터 중국의 매스컴이나 인터넷에서도 이를 대대적으로 다루기 시작했다. 그 결과 교육부가 사용 정지를 요구했고, 상하이 시 교육위원회가 사용을 급히 중단시켰다. 그리하여 2007년 9월 신학기부터는 임시로 편집한 교과서(이하 '임시판'이

---

21  구체적으로는 마이크로소프트 회장 빌 게이츠, 뉴욕증권거래소, 우주왕복선, 일본의 신칸센 소개 등 다양한 내용을 담고 있었다.

라 부름)가 사용되었다.

개정판과 임시판을 비교해보면 개정판은 사회생활, 종교, 인문과학 등 주제마다 시대와 지역을 횡단하여 기술하고 있고, 임시판은 고대 문명사회부터 15세기까지를 다루고 있는데 농민·노동자의 착취나 계급 모순 같은 표현이 도처에 등장한다.

이를 일시적 퇴행으로 볼 것인지에 대해서는 의론의 여지가 있으나, 중국에서 역사를 바로 보려는 논의가 일어나고 있는 것만은 틀림없다(南亮進·牧野文夫·羅歡鎭, 2008: 53~54).


## 6. 맺음말

시장경제화와 글로벌화가 진전되는 가운데 중국의 교육도 변화를 강요받아왔다. 다문화와의 공생을 어떻게 달성할 것인가? 격차가 존재하는 사회에서 어떻게 벗어날 것인가? 중국 역시 세계 각지에서 공통적으로 마주하고 있는 이러한 과제에 직면해 있다.

의무교육 도입이나 문맹률 저하, 고등교육 대중화와 우량한 인재 배출 등 개혁개방 이후 중국이 이룩한 것은 많다. 그런 한편으로 교육개혁에 활력을 불어넣기 위해 도입한 분권화는 도시와 농촌 간의 교육 격차뿐만 아니라 지역 간 교육 격차도 확대시켰다. 대학입시는 누구나 참가할 수 있는 공평한 경쟁이라는 이미지를 강화하면서 해마다 전국적으로 벌어지는 연중행사가 되었지만, 가혹한 입시 경쟁이 가져오는 부정적 영향도 무시할 수 없는 지경에 이르렀다.

　또한 다문화 공생 이념이 정착되었다고 말하기는 어렵고, "물질적인 풍요에서 가치를 발견하고 개발주의·상업주의가 석권하는 사회에 길들여져 버리면 경제적으로 발전하지 못한 민족이나 물질성보다 정신성을 중시하는 문화를 어느덧 경시하기 쉽다"(高原明生, 2010: 199). 요 몇 년 사이 빈발하는 소수민족의 '반란'은 중국의 교육이념을 재고해볼 것을 재촉하는 듯하다.

　계급투쟁 사관이나 항일애국주의 등 1940년대부터 이어진 이데올로기도 격차가 확대되는 현실에 직면하여, 그리고 열린 세계와의 접촉면을 확대하는 가운데 서서히 바뀌어갈 것이다. 우리는 글로벌한 차원을 내포하게 된 중국의 교육 문제에서 시선을 떼어서는 안 될 것이다.

# 맺음말
## 교육은 불평등을 극복할 수 있을까

여기에서는 앞서 논의한 바를 정리해보기로 한다.

청나라 말기까지 이어진 '고위험·고수익' 형태의 과거제도는 전통적인 지배와 유기적으로 결합함으로써 존속했으나 서방의 충격을 받아 마침내 붕괴했고, 중국은 결국 교육제도의 근대화로 방향을 잡게 되었다.

중화민국 시기에 근대 교육제도가 본격적으로 도입되어 일본과 미국을 모범으로 한 교육제도가 정비되었다. 그 결과 도시지역에서 근대 교육이 발전해가긴 했으나 초등교육이 전국 규모에서 보급되었다고 말하기는 어렵고 식자율 향상이라는 국가적 과제에 큰 진척은 없었다. 그리하여 교육 격차가 확대되는 가운데 교육 보급에 일익을 담당한 것이 사학이었고 향촌건설운동 등 사회교육운동이었다. 공적 교육의 결여를 '민간의 힘'으로 보충하려 했던 것이다.

다른 한편으로 중화민국 시기 공산당 근거지에서의 교육활동은 대중노선이나 민족주의 교육의 중시 등 사회주의혁명 이후 중국의 교육을 특징짓는 성격을 띠었다.

혁명 후 소비에트형 교육제도가 도입되면서 제도상 많은 혼란(특히 고등교육에서의 혼란)이 야기되었는데, 역설적이게도 (개혁개방 이후에 부정된) 이 당시의 극좌노선하에서 초등교육이 널리 보급되고 식자율이 크게 향상되었다. 도시와 농촌 간 격차가 계속 존재하기는 했으나, 계층이나 지역, 성별, 민족에 따른 교육 격차를 해소하기 위한 시도가 행해졌고 교육을 둘러싼 불평등을 시정하는 데 많은 에너지가 투입되었다.

개혁개방이 이뤄지면서 문화대혁명으로 황폐해진 고등교육이 재정비되고 과거제도를 방불케 하는 맹렬한 시험 경쟁이 출현했다. 그 배경에 초등·중등교육의 보급과 식자율 상승에 따라 수험 가능 인원이 대폭 증가한 것, 교육에 대한 강한 포부, 교육을 둘러싼 경쟁에 대한 강한 긍정감, 도시 중산층의 문화적 우월성 추구, 교육 상승에 따라 얻어지는 보수(교육보수율)의 증가, 불평등을 정당화하는 논리로서의 능력주의적 가치관의 확산 등 몇 가지 요소가 복잡하게 얽혀 있었는데, 이러한 요소와 개혁개방 후의 새로운 풍토에 따라 과거제도라는 문화적 유전자가 중국인들 사이에 부활했다.

그러나 입시 경쟁 격화는 지역 간, 민족 간 격차를 확대하는 방향으로 작용하고 있다. 고등교육의 대중화가 진행된 최근 10년간에도 도시와 농촌 간 대학 진학 격차는 계속 확대되고 있다. 시장경제화의 진전과 함께 지역 간 경제 격차가 확대되고 있는데, 이를 시정하기 위한 제도적 정비는 아직 이뤄지지 못하고 있다. 교육에서도 마찬가지로, 교육 인프라를 둘러싼 지역 간 격차가 교육기회의 불균등을 만들어내고 있다.

　도시 부유층 가운데 자녀를 어렸을 때부터 해외로 유학 보내는 가정이 많이 나타나는 한편, 농촌에서 도시로 일을 찾아 나온 사람들은 자녀를 도시로 데려 가더라도 공교육은 차치하고 민간의 농민공학교에조차 보내지 못하는 현상이 나타나고 있다. 게다가 대학입시를 그러한 격차를 뛰어넘기 위한 수단으로 간주하는 경향이 강해, 부모들은 자녀 교육비를 대는 데 급급하고 자녀들은 극심한 입시 경쟁에 내몰리고 있다. 격차 극복을 위한 교육이 결과적으로 격차를 만들어내는 역설적인 악순환이 존재한다. 그런데도 빈곤 가정 다수는 세대 소득의 대부분을 계속해서 자녀 교육에 사용하고 있어, 이러한 교육열은 앞으로도 수그러들 것 같지 않다.

　과거제도가 붕괴하고 한 세기 이상의 세월이 흘러 이제 식자율 향상과 의무교육 보급이라는 근대 교육의 목표 가운데 하나는 거의 달성되었다. 고등교육 가운데 베이징대학이나 칭화대학, 상하이자오퉁대학 등 세계 우수 대학 목록에 이름을 올린 대학들도 나왔다. 같은 인구 대국인 인도가 여전히 높은 문맹률로 고전하고 글로벌한 대학 간 경쟁에서 중국에 밀리고 있는 것을 고려할 때 이 모든 것은 중국의 위업으로 평가할 만하다.

　그러나 격차와 불평등을 교육을 통해 시정하려는 시도는 아직 뚜렷한 성과를 내지 못하고 있다. 가리야 다케히코苅谷剛彦는 전후 일본에서 "의무교육의 지역 간 격차를 시정하려는 노력들이 간단하고 자연스럽게 이뤄졌던 것은 아니다"(苅谷剛彦, 2009: 201)라면서, "전후 일본에서 교육시설 및 교육내용의 표준화나 교원의 균질화가 진행된 배경에는 이미 전전戰前에 형성된 교육기회의 평등에 대한 강력한 바람과 그것을 가능케 한 광역적 교원 인사와 교육 재정의 누진적 운영 등이 있었다"라고 지적했다.

중국 정부도 교육을 둘러싼 격차와 불평등의 문제를 직시하고 문제 해결에 나서고 있다. 그러나 인구가 많은 중국에서 교육 격차 및 교육 불평등을 극복하기 위해서는 ─ 가리야의 논리를 원용한다면 ─ 교육 기회의 평등에 대한 바람, 광역적 교원 인사와 교육 재정의 누진적 운영 등이 필요한데, '허셰和諧(조화라는 의미 ─ 옮긴이) 사회'를 표방한 후진타오 정권도 실제로는 그렇게 과감한 정책을 내놓지 못했다.

그러면 중국의 교육은 어느 방향을 향해 나아갈 것인가? 중화민국 시기의 도시 중심, 고등교육 중심의 교육제도를 향해 나아갈 것인가, 아니면 교육 격차 시정을 내세운 사회주의 건국 때의 '초심'으로 돌아갈 것인가?

건국 60주년을 지나 격차 확대에 대한 우려의 목소리가 높아지고 있는 중국에서 "교육은 불평등을 극복할 수 있을까"라는 질문은 낡은 질문이면서도 여전히 새로운 질문이다.

# 참고문헌

**일본어**

阿古智子. 2009. 『貧者を喰らう國 ― 中國格差社會からの警告』. 新潮社.

淺野愼一. 2004. 「檢討 中國人留學生・就學生の實態と受け入れ政策の轉換」. ≪勞動法律旬報≫, 5月号.

阿部洋. 1985. 「中國人のアメリカ留學 ― その現狀と史的背景」. 阿部洋 編著. 『米中教育交流の軌跡 ― 國際文化協力の歷史的教訓』. 霞山會.

_____. 1990. 『中國の近代教育と明治日本』. 福村出版.

_____. 2000. 「淸末中國の學堂教育と日本人教習 ― 明治後期教育雜誌等所收記事・論說の分析その3)」. 福岡縣立大學. ≪福岡縣立大學紀要≫, 第9卷 第1号.

安藤彦太郎. 2002. 『未來にかける橋 ― 早稻田大學と中國』. 成文堂.

イーストマン, ロイド・E. 1994. 『中國の社會』. 上田信・深尾葉子 譯. 平凡社.

市川博. 1975. 「プラグマティズム教育思想導入期の公民教育觀 ― 救國と教育を巡って」. 世界教育史硏究會 編. 『世界教育史大系四 ― 中國教育史』. 講談社.

ヴェーバー, マックス. 1971. 『儒教と道教』. 木全德雄 譯. 創文社.

袁偉時. 2006. 『中國の歷史教科書問題 ―「氷點」事件の記錄と反省』. 武吉次郎 譯. 日本僑報社.

大塚豊. 1996. 『現代中國高等教育の成立』. 玉川大學出版部.

_____. 2007. 『中國大學入試硏究 ― 變貌する國家の人材選拔』. 東信堂.

オドン・ゲレル. 1995. 「內モンゴル自治區における民族教育」. 亞細亞大學アジア硏究所. ≪變革下の教育とその諸問題 ― モンゴル・旧ソ連(ロシア)・中國(內蒙古)を中心として≫, 第8卷.

郭沫若. 1967. 『私の幼少年時代 辛亥革命前夜 郭沫若自傳一』(東洋文庫 101). 小野

忍・丸山昇 譯. 平凡社.

蔭山雅博. 1983. 「清末における教育近代化過程と日本人教習」. 阿部洋 編著. 『日中教育文化交流と摩擦 ― 戦前日本の在華教育事業』. 第一書房.

苅谷剛彦. 2009. 『教育と平等 ― 大衆教育社會はいかに生成したか』. 中公新書.

木村惠美子. 2007. 「中國人留學生の「ジャパン・ドリーム」― 遼寧省大連市の事例から」. 早稻田大學大學院アジア太平洋研究科提出修士論文.

牛志奎. 2008. 「中國における教員雇用制度の改革と教育格差に関する一考察」. 上越教育經營研究會. ≪教育經營研究≫, 第14号.

經志紅. 2005. 『近代中國における中等教員養成史研究』. 學文社.

人民教育出版社 歷史室 編著. 2001. 『入門中國の歷史 中國中學校歷史教科書』. 小島晉治・竝木賴壽 監譯, 大里浩秋・川上哲正・小松原半子・杉山文彦 譯. 明石書店.

崔淑芬. 2007. 『中國女子教育史 ― 古代から1948年まで』. 中國書店.

齊藤秋男 編. 1951. 『教育共和國の先驅者たち ― 新中國人民教師の群像』. 青銅社.

西条正. 1978. 『中國人として育った私 ― 解放後のハルビンで』. 中公新書.

清水美和. 2002. 『中國農民の反亂 ― 昇龍のアキレス腱』. 講談社.

新保敦子. 1985a. 「中華平民教育促進會と郷村教育運動」. 日本現代中國學會. ≪現代中國≫, 第59号.

_____. 1985b. 「梁漱溟と郷村建設運動」. 教育史學會. ≪日本の教育史學≫, 第28集.

_____. 2001a. 「中國旧解放區における民營公助小學校 ― 陶端予をめぐって」. 早稻田大學教育學部. ≪學術研究≫, 第49号.

_____. 2001b. 「中國における民衆教育に關する一考察 ― 俞慶棠と江蘇省立教育學院をめぐって」. 早稻田大學教育總合研究所. ≪早稻田教育評論≫, 第15券 第1号.

_____. 2003. 「少數民族地區における教育支援に關する一考察」. 中國研究所. ≪中國研究月報≫, 第666号.

_____. 2008a. 「中國のムスリム女子青年とキャリア形成 ― イスラーム女學をめぐって」. 日經BP出版センター. ≪ワセダアジアレビュー≫, 第4号.

_____. 2008b. 「公教育成立期における學校教育と私塾 ― 清末から民國時期にかけての江蘇省無錫縣をめぐって」. 教育史學會. ≪日本の教育史學≫, 第51集.

園田茂人. 2001. 『中國人の心理と行動』. NHKブックス.

_____. 2004. 「日本の若者は中國のハングリー精神に學べ」. ≪中央公論≫, 4月号.

_____. 2008a. 『不平等國家 中國 ― 自己否定した社會主義のゆくえ』. 中公新書.

_____. 2008b. 『中國社會はどこへ行くか ― 中國人社會學者の發言』. 岩波書店.

＿＿＿. 2009. 「格差問題の影が忍び寄る都市中間層の憂鬱」. ≪中央公論≫, 6月号.

高原明生. 2010. 「グローバル化と「中國モデル」― 世界と中國の行方について考える手がかりとして」. 毛里和子 編. 『NIHU現代中國早稻田大學據點WICSS研究シリーズ1 日中學術討論會 中國ポスト改革開放30年を考える』. 早稻田大學現代中國研究所.

中國女性史研究會. 2004. 『中國女性の100年 ― 史料にみる歩み』. 青木書店.

ドーア, ロナルド・P. 1970. 『江戸時代の教育』. 松居弘道 譯. 岩波書店.

＿＿＿. 1978. 『學歷社會 新しい文明病』. 松居弘道 譯. 岩波書店.

陳曄. 2009. 「農村と都市の間を彷徨う ― 農村出身の大學生のアイデンティティ構造」. 早稻田大學大學院アジア太平洋研究科提出 修士論文.

中田吉信. 1971. 『回回民族の諸問題』. アジア經濟研究所.

野井眞吾・野井友子・薛懇靑. 1999. 「鼓膜溫に關する調査の結果比較」. 『日中子どものからだ共同學術調査報告書』. 日中子どものからだ共同學術調査.

平田茂樹. 1997. 『科擧と官僚制』. 山川出版社.

菱田雅晴・園田茂人. 2005. 『シリーズ現代中國經濟八 ― 經濟發展と社會變動』. 名古屋大學出版會.

蒲松齡. 1997. 『聊齊志異(上)』. 立間祥介 編譯. 岩波文庫.

牧野篤. 2006. 『中國變動社會の教育 ― 流動化する個人と市場主義への對應』. 勁草書房.

南亮進・牧野文夫・羅歡鎮. 2008. 『中國の教育と經濟發展』. 東洋經濟新報社.

宮崎市定. 1963. 『科擧 中國の試驗地獄』. 中公新書.

＿＿＿. 1987. 『科擧史』(東洋文庫 470) 平凡社.

宮本謙介. 2009. 『アジア日系企業と勞動格差』. 北海道大學出版會.

村上哲見. 1980. 『科擧の話 ― 試驗制度と文人官僚』. 講談社現代新書.

矢澤利彦 編. 1973. 『イェズス會士中國書簡集四・社會篇』(東洋文庫 230) 平凡社.

矢野眞和・島一則. 2000. 「學歷社會の未來像」. 近藤博之 編. 『戰後日本の教育社會』. 東京大學出版會.

山本恒人. 1985. 「1960年代における勞動・教育・下放の三位一體的政策展開とその破産 ― 半工半讀制度に焦點をあてて」 加加美光行 編 『現代中國の挫折』. アジア經濟研究所.

山室信一. 2001. 『思想課題としてのアジア』. 岩波書店.

弓削俊洋. 2003. 「中國版「新しい歷史教科書」の新しさ」. 愛媛大學人文學會. ≪人文

學論叢≫, 第5号.

李春玲. 2005. 「現代中國における社會移動」. 園田茂人 編. 『東アジアの階層比較』. 吳冬梅・園田茂人 譯. 中央大學出版部.

梁麗儀. 1985. 「文化大革命期の中國教育 ― 廣東省深圳におけるケース(1966年半ばから71年末まで)」. 加加美光行 編. 『現代中國の挫折』. アジア經濟研究所.

## 영어

Hsu, Carolyn, L. 2007. *Creating Market Socialism: How Ordinary People Are Shaping Class and Status in China*. Duke University Press.

Keenan, Barry. 1977. *The Dewey Experiment in China: Educational Reform and Political Power in the Early Republic*. Harvard University Press.

Liu, Hong. 2005. "New Migrants and the Revival of Overseas Chinese Nationalism." *Journal of Contemporary China*, No.14, Vol.43.

Marsh, Robert. 1961. *The Mandarines: the Circulation of Elites in China, 1600~1900*. Free Press of Glencoe.

Pye, Lucian. W. 1988. *The Mandarin and the Cadre: China's Political Cultures*. Center for Chinese Studies, The University of Michigan.

Smith, Micahel Peter and Adrian Favell. 2006. *The Human Face of Global Mobility: International Highly Skilled Migration in Europe, North America and the Asia-Pacific*. Transaction Publishers.

Zhou, Xueguan, Nancy B. Tuma, and Phyllis Moen. 1997. "Institutional Change and Job Shift Patterns in Urban China, 1949~1994." *American Sociological Review*, No.62.

Zweig, David and Chen Changgui. 2006. *China's Brain Drain to the United States: Views of Overseas Chinese Students and Scholars in the 1990s*. Routledge Curzon.

Zweig, David and Han Donglin. 2008. "'Sea Turtles' or 'Seaweed?': The Employment of Overseas Returnees in China." paper prepared for the France/ILO symposium 2008 Fourth dialogue between France and the ILO on the social dimension of globalization "The Internationalization of Labour Markets."

**중국어**

陳曙紅. 2007. 『中國中間階層 ― 敎育與成就動機』. 北京: 中國大百科全書出版社.

丁國勇 主編. 1993. 『寧夏回族』. 銀川: 寧夏人民出版社.

杜越 外 編. 2004. 『城市流動人口子女的基礎敎育 ― 政策与革新』. 北京: 浙江大學出版社.

改革開放30年中國敎育改革与發展課題組. 2009. 『敎育大國的崛起 The Rising of a Country through Education 1978~2008』. 北京: 敎育科學出版社.

國家統計局 人口統計司. 1993. 『中國人口統計年鑑 1992』. 北京: 中國統計出版社.

國務院 人口普查弁公室·國家統計局 人口和社會科技統計司. 2002. 『中國2000年人口普查資料』. 北京: 中國統計出版社.

敎育部 統計室 編. 1938. 『中華民國24年度全國敎育統計簡編』. 上海: 商務印書館.

敎育年鑑編纂委員會. 1948. 『第2次中國敎育年鑑』. 上海: 商務印書館.

康曉光. 2005. 『仁政 ― 中國政治發展的第3條道路』. Singapore: 八方文化創作室.

李春玲. 2003. 「文化水平如何影響人們的經濟收入」. ≪社會學硏究≫, 第3期.

_____. 2004. 「社會政治變遷与敎育機會不平等」. 李培林·李强·孫立平 編. 『中國社會分層』. 北京: 社會科學文獻出版社.

劉精明. 2004. 「敎育与社會分層 ―"文化大革命"事件對入學, 昇學模式的影響」. 李培林 外 編. 『中國社會分層』. 北京: 社會科學文獻出版社.

寧夏女童敎育硏究課題組. 1995. 「寧夏貧困地區回族女童敎育硏究報告」. 周衛 註釋. 『中國西部女童敎育行動硏究』. 銀川: 寧夏人民敎育出版社.

「寧夏敎育年鑑」編寫組. 1988. 『寧夏敎育年鑑 1949~1985』. 銀川: 寧夏人民敎育出版社.

上海市中小學課程改革委員會. 2003. 『高級中學課本 歷史』. 上海: 上海敎育出版社.

史栢年 外 釋. 2005. 『城市辺緣人 ― 進城農民工家庭及其子女問題硏究』. 北京: 社會科學文獻出版社.

宋恩榮·熊賢君. 1994. 『晏陽初敎育思想硏究』. 瀋陽: 遼寧敎育出版社.

王嘉毅. 2007. 『學校個案硏究報告』. 蘭州: 西北師範大學.

王輝輝. 2007. 『當代中國海歸』. 北京: 中國發展出版社.

烏蘭圖克·齊桂芝 註釋. 1990. 『內蒙古自治區民族敎育文集(1966~1990)』. 呼和浩特: 內蒙古大學出版社.

許欣欣. 2000. 『當代中國社會結構變遷与流動』. 北京: 社會科學文獻出版社.

夏潁奇 釋. 2004. 『海歸搶灘中關村』. 北京: 中國發展出版社.

熊賢君. 1997. 『兪慶棠敎育思想硏究』. 瀋陽: 遼寧敎育出版社.

楊東平 釋. 2003.『艱難的日出 — 中國現代教育的20世紀』. 上海: 文匯出版社.

楊雄 釋. 2008.『關注改革開放後出生的一代 — 華東地區大學生調研報告』. 上海: 上海社會科學院出版社.

余秀蘭. 2004.『中國教育的城鄉差異 — 一種文化再生産現象的分析』. 北京: 教育科學出版社.

園田茂人. 2006.「日資企業進入亞洲与文化摩擦」. 孫新·王偉 釋.『世界中的日本文化 — 摩擦与融合』. 國際文化出版公司.

_____. 2008c.「大陸与台灣日資企業中層幹部對日商的評價(1992~2007)」. 陳德昇 釋.『台日韓商大陸投資策略与佈局 — 跨國比較與效應』. 台北: 印刻出版社.

曾曉東·曾婭琴 釋. 2009.『中國教育改革30年』. 北京: 北京師範大學出版社.

中國第2歷史檔案館 釋. 1994.『中華民國史檔案資料匯編』. 第5輯 第1編 教育(一). 南京: 江蘇古籍出版社.

中國社會科學院人口研究中心. 1987.『中國人口年鑑 1986』. 北京: 社會科學出版社.

中國社會科學院"中國社會狀況總合調查"課題組. 2009.「2008年中國民生問題調查報告」. 汝信 外 釋.『社會藍皮書 — 2009年中國社會形勢分析与豫測』. 北京: 社會科學文獻出版社.

中華人民共和國 國家統計局. 2001.『中國統計年鑑 2001』. 北京: 中國統計出版社.

≪中國教育年鑑≫ 編輯部. 1984.『中國教育年鑑 1949~1981』. 北京: 中國統計出版社.

中華人民共和國 教育部 計劃財務司. 1984.『中國教育成就 1949~1983』. 北京: 人民教育出版社.

_____. 2009.『中國教育統計年鑑 2008』. 北京: 人民教育出版社.

周仲高. 2009.『中國高等教育人口的地域性研究』. 北京: 中國經濟出版社.

# 기본서 안내

    중국의 고대부터 현대에 이르는 통사로는 다가 아키고로多賀秋五郎의 『중국 교육사中國敎育史』(岩崎書店, 1955)가 있는데, 고대부터 중화인민공화국 건국 이후 현대에 이르기까지의 교육 제도 및 정책을 개관한 것이다. 이 책은 아베 히로시阿部洋가 감수하고 사토 나오코佐藤尙子 등이 엮은 『중국 근현대 교육 문헌 자료집』(日本圖書センター, 2006)에 실렸는데, 이 자료집은 일본에서 출판된 중국 교육 관련 저작의 복각판으로, 입수하기 어려운 귀한 책들을 모아놓았을 뿐 아니라 일본에서 이루어진 중국 교육사 연구의 흐름을 아는 데에도 필요불가결한 자료이다.

    세계교육사연구회世界敎育史硏究會가 엮은 『세계 교육사 대계 4: 중국 교육사世界敎育史大系四 − 中國敎育史』(講談社, 1975)는 혁명사관에 입각한, 고대로부터 1970년대까지의 통사다.

    과거제도에 관해서는 미야자키 이치사다宮崎市定의 『과거사科擧史』(東洋文庫 470)(平凡社, 1987)와 『과거, 중국의 시험지옥科擧 中國の試驗地獄』(中公新書, 1963), 무라카미 데쓰미村上哲見의 『과거 이야기: 시험제도와 문인관료科擧の話 — 試驗制度と文人官僚』(講談社現代新書, 1980), 히라타 시게키平田茂樹의『과거와 관료제科擧と官僚制』(山川出版社, 1997) 등이 있다.

포송령蒲松齡의『요제지이聊齊志異』(立間祥介 編譯, 岩波文庫, 1997)는 과거시험에 계속 낙방한 사람이 쓴 저작인데, 과거제도하에서 살아가는 지식인의 비애가 묘사된다. 남성을 통해서만 자신을 실현할 수 없었던 과거제도하 여성의 모습을 살펴보는 데에는 가오펑高峰의『과거와 여성科擧と女性』(大學敎育出版, 2004)이 도움이 될 것이다.

사숙私塾에 다니던 학생들의 실태를 알기 위해서는 지식인들의 자서전을 보는 것이 좋다. 일본어로 읽을 수 있는 자서전으로는 궈모뤄郭沫若의『나의 어린 시절: 신해혁명 전후私の幼少年時代 辛亥革命前後(궈모뤄 자서전 1郭沫若自傳一』(東洋文庫 57)(小野忍·丸山昇 譯, 平凡社, 1965)이 있다. 또한 왕두칭王獨淸의『장안성의 소년: 청 말 봉건 가정에서 태어나다長安城中の少年 — 淸末封建家庭に生れて』는 관료 귀족 가정에서 태어난 소년이 청 말부터 신해혁명까지의 시대 상황 속에서 어떠한 교육을 받아 자신을 형성해갔는지를 기술한 흥미로운 저작이다.

중국의 근현대 교육사에 관해서 쓴 개괄서로는 사이토 아키오齊藤秋男와 니지마 준스케新島淳亮의『중국 현대 교육사中國現代敎育史』(國土社, 1962), 니지마 준스케의『중국의 교육中國の敎育』(東洋經濟新報社, 1957)을 들고 싶다. 이 책들은 각각 민족해방 및 계급투쟁의 관점에 입각하여 근대 이후 현재에 이르기까지 중국 교육의 전개 과정을 검토한 것들이다. 또한 전후 사회주의 중국에 대한 일본의 기대가 반영된 저작이라고도 할 수 있다.

중화민국 시기 근대 학교의 성립 과정에 관해 논한 본격적인 저작으로는 아베 히로시阿部洋의『중국 근대 학교사 연구: 청 말 근대 학교 제도의 성립 과정中國近代學校史硏究 − 淸末における近代學校制度の成立過程』(福村出版, 1993)이 있다. 또한 아사쿠라 미카朝倉美香의『청말·민국기 향촌에서의 의무교육 실시 과정에 관한 연구淸末·民國期鄕村における義務敎育實施過程に關する硏究』(風間書房, 2005)는 광둥 성을 대상으로 촌락 수준에서 의무교육이 실시되는 과정을 검증한 저작이다.

중화민국 시기의 교육을 검증한 저서로서는 고바야시 요시후미小林善文의『중국 근대 교육의 보급과 개혁에 관한 연구中國近代敎育の普及と改革に關する硏究』(汲古書院, 2002)가 있는데, 초등교육, 여성교육, 직업교육운동 외에 옌양추晏陽初, 타오싱즈陶行知, 량수밍梁漱溟의 교육활동에 관해서도 다룬다.

중화민국 시기 중국에서 이루어진 외국의 교육활동을 종합적으로 논한 연구로는 마스노리 히라쓰카平塚益德의『근대 지나 교육문화사近代支那敎育文化史 − 第三國對支那敎育活動を中心として』(目黑書店, 1942)[平塚博士記念事業會 編,『平塚益德著作集』II, 中國近代敎育史, 1985年 增補改訂, 敎育開發硏究所刊]를 들고 싶다.

아베 히로시의『중국 근대 교육과 메이지 일본中國の近代敎育と明治日本』(福村出版, 1990)은 청 말의 일본 모델에 의한 교육개혁, 중국인의 일본 유학, 일본인 교습자들과 중국의 근대화, 일본 모델로부터 미국 모델로의 이행 등에 관해 간결하게 정리한 것으로 유익한 책이다. 사네토 게이슈實藤惠秀의 『중국인 일본 유학사中國人日本留學史』(くるしお出版, 1960)도 일본에 유학 온 중국인 유학생들에 관한 논술로서 이 분야의 선구적 저작이다.

아베 히로시阿部洋가 엮은 『일·중 교육문화 교류와 마찰: 전전 일본의 재중 교육사업日中教育文化交流と摩擦 — 戰前日本の在華教育事業』(第一書房, 1983)에는 실증적인 논문들이 수록되어 있는데, 전전에 일본이 중국에서 전개한 교육사업에 관해 알기 쉽게 논한 논문들이 모여 있다. 징즈홍經志紅의 『근대 중국의 중등교육 양성사 연구近代中國における中等教員養成史研究』(學文社, 2005)도 일본인 교습자들이 중국의 사범교육에 미친 영향을 분석한다.

중국인의 미국 유학 등 미·중의 교육 교류에 관해서는 아베 히로시가 엮은 『미·중 교육 교류의 궤적: 국제 문화 협력의 역사적 교훈米中教育交流の軌跡 — 國際文化協力の歷史的敎訓』(霞山會, 1985)이 있다.

향촌건설운동 및 그 관계자에 관해서는 쑹언룽宋恩榮이 엮은 『옌양추: 평민교육과 향촌건설晏陽初 — その平民教育と鄉村建設』(鎌田文彥 譯, 農山漁村文化協會, 2000), 사이토 아키오齊藤秋男의 『타오싱즈 생활교육이론의 형성陶行知生活敎育理論の形成』(明治圖書出版, 1983), 마키노 아츠시牧野篤의 『중국 근대 교육의 사상적 전개와 특징: 타오싱즈 '생활교육' 사상 연구中國近代敎育の思想的展開と特質 — 陶行知「生活敎育」思想の研究』(日本圖書センター, 1993), 량수밍梁漱溟의 『향촌건설이론鄉村建設理論』(アジア問題研究會 編, 池田篤紀·長谷部茂 譯, 農山漁村文化協會·復刻版, 2000) 등이 참고가 된다.

중국공산당 혁명근거지에서의 식자운동과 그 이후 식자운동의 전개에 관한 자료로는 오하라 신이치大原信一의『중국 식자운동中國の識字運動』(東方書店, 1997)을 들고 싶다. 이 책은 혁명근거지의 식지운동뿐 아니라 옌양추의 평민교육과 식자, 건국 후 식자에 관해서도 다루어 중국 식자운동의 흐름을 개관할 수 있는 저작이다.

왕즈신王智新의『현대 중국의 교육現代中國の教育』(明石書店, 2004)은 중화인민공화국 건국 후의 교육법규, 교육행정 및 교육재정, 초·중·고등교육, 교사교육, 교과서 등에 관해 간결하게 정리한 책으로, 입문서로서 유용하다. 고지마 레이쓰小島麗逸와 정신페이鄭新培가 엮은『중국 교육의 발전과 모순中國敎育の發展と矛盾』(御茶の水書房, 2001)은 건국 후 50년에 걸친 교육의 발전 과정을 중등교육, 사범교육, 빈곤 지역의 기초교육, 해외 유학생의 귀국 문제, 사립학교, 화교·화인의 중국 고등학교에 대한 원조 등 다각도에서 고찰한 것이다.

건국 후 고등교육의 성립 과정을 풍부한 문헌에 기초해 논한 연구로 오쓰카 유타카大塚豊의『현대 중국 고등교육의 성립現代中國高等敎育の成立』(玉川大學出版部, 1996)이 있다. 또한 오쓰카 유타카의『중국 대학 입시 연구: 변모하는 국가 인재 선발中國大學入試硏究 － 變貌する國家の人材選拔』(東信堂, 2007)은 건국 전후부터 문화대혁명 시기, 문화대혁명 직후, 시장경제 이행기까지 각 시기의 입시제도에 관해 포괄적·실증적으로 논한 책으로, 중국의 대학입시제도를 이해하는 데 필독서이다.

또한 가가미 미쓰유키加加美光行가 엮은『현대 중국의 좌절現代中國の挫折』(アジア經濟硏究所, 1985)은 건국부터 문화대혁명 시기에 걸친

교육에 관한 실증적 논문을 수록해 읽어볼 만하다. 고바야시 후미오小
林文男가 엮은 『중국 사회주의 교육의 발전中國社會主義敎育の發展』(アジア
經濟硏究所, 1975)도 같은 시기를 다룬다.

사이조 다다시西條正의 『중국인으로 자란 나: 해방 후 하얼빈에서
中國人として育った私 ― 解放後のハルビンで』(中公新書, 1978)는 건국부터 대약
진 시기를 거쳐 1960년대 전반기에 이르기까지 하얼빈 학교의 구체적
인 상황을 이해하는 데 유용하다. 로널드 도어Ronald P. Dore의 『학력사
회, 새로운 문명질환學歷社會 新しい文明病』(松居弘道 譯, 岩波現代選書,
1978)은 학력사회에 대한 좀 더 급진적인 해결책으로서 중국 문화대혁
명기의 여러 가지 개혁을 다룬다. 문화대혁명 기간 중 소수민족의 생
생한 실태를 현장 실사를 바탕으로 정리한 노작으로서 양하이잉楊海英
의 『묘비 없는 초원: 내몽골에서의 문화대혁명 학살의 기록墓標なき草原
― 內モンゴルにおける文化大革命·虐殺の記錄』(岩波書店, 2009)이 있다.

문화대혁명이 끝난 뒤 추진된 개혁개방정책하 교육개혁의 동향을
소개한 것으로는 마키노 아츠시牧野篤의 『인민은 생활이 풍족하다: 아
시아의 성장 센터 중국의 인재 양성과 교육民は衣食足りて ― アジアの成長セン
ター·中國の人づくりと敎育』(總合行政出版, 1995)을 들고 싶다. 또한 1990년
대 후반기부터 2000년대 전반기까지의 시장경제화 과정에서 이루어
진 사회 변동과 교육을 총체적으로 논한 것으로 마키노 아츠시의 『중
국 변동 사회의 교육: 유동화하는 개인과 시장주의에 대한 대응中國變動
社會の敎育 ― 流動化する個人と市場主義への對応』(勁草書房, 2006)이 있다. 중국
의 도시지역에 초점을 맞추어 사회안전망으로서의 사구社區 교육을 날

카롭게 분석한다.

그 밖에 아베 히로시阿部洋가 엮은『'개혁·개방'하 중국 교육의 동태: 장쑤 성의 사례를 중심으로「改革·開放」下中國敎育の動態 — 江蘇省の場合を中心に』(東信堂, 2005)는 장쑤 성에서 실시한 설문조사 결과를 통해 개혁개방하 사회 변동과 교육 실태, 사람들의 교육 의식 변화 등을 밝힌다. 개혁개방하 중국의 경제발전과 교육개혁에 관한 실증적 연구로는 우치라이吳琦來의『중국의 후기중등교육의 확대와 경제발전 패턴: 장쑤 성 비교분석中國の後期中等敎育の廓大と經濟發展パターン — 江蘇省の比較分析』(東信堂, 2005), 류원쥰劉文君의『중국의 직업교육 확대정책: 배경, 실현 과정, 결과中國の職業敎育擴大政策 — 背景·實現過程·歸結』(東信堂, 2004), 왕제王傑의『중국 고등교육의 확대와 교육 기회의 변화中國高等敎育の擴大と敎育機會の變容』(東信堂, 2008) 등 유학생들이 쓴 일련의 역작들이 참고가 된다.

최근의 경제발전과 교육의 관계를 분석한 연구로는 미나미 료신南亮進 등의『중국의 교육과 경제발전中國の敎育と經濟發展』(東洋經濟新報社, 2008)이 있다. 이 책은 치밀한 통계분석을 토대로 교육이 경제성장에 끼친 영향, 도시와 농촌의 지역 간 격차, 소득불평등 확대와 교육 간 관계 등을 밝힌다.

한편 중국의 불평등과 교육의 관련성을 다룬 저작으로 쉐진쥔薛進軍, 아라야마 유코荒山裕行, 소노다 타다시園田正가 엮은『중국의 불평등中國の不平等』(日本評論社, 2008)이나 소노다 시게토園田茂人의『불평등국가 중국: 자기부정한 사회주의의 미래不平等國家 中國 — 自己否定した社會主義のゆくえ』(中公新書, 2008), 그리고 스와 데쓰오諏訪哲郎, 왕즈신王智新,

사이토 도시히코齊藤利彦가 엮은『떠오르는 중국의 교육개혁沸騰する中國の敎育改革』(東方書店, 2008) 등이 있다.

한편 중화인민공화국의 소수민족 교육에 관한 개설서로는 오카모토 마사타카岡本雅享가 쓴『중국의 소수민족 교육과 언어정책中國の少數民族敎育と言語政策』(社會評論社, 1999)이 있는데, 이 책은 조선족, 몽골족, 이족 등을 사례로 들어 민족교육과 언어정책에 관해 폭넓게 검토한다. 오가와 요시카즈小川佳万의『사회주의 중국의 소수민족 교육: '민족평등' 이념의 전개社會主義中國における少數民族敎育 ─「民族平等」理念の展開』(東信堂, 2001)는 사회주의 중국의 소수민족 교육정책을 검토하여 '민족평등' 이념이 구체적으로 어떻게 전개되었는지를 검증한다.

애국주의 교육이나 역사교육을 논한 저작으로는 위안웨이스袁偉時의『중국의 역사 교과서 문제: '빙점' 사건의 기록과 반성中國の歷史敎科書問題 ─「氷點」事件の記錄と反省』(武吉次郎 譯, 日本僑報社, 2006), 사토 기미히코佐藤公彦의『상하이판 역사 교과서의 '교살': 중국의 이념적 언론 통제와 억압上海版歷史敎科書の「拒殺」─ 中國のイデオロギー的言論統制・抑壓』(日本僑報社, 2008) 등이 참고가 된다. 일본에 번역된 역사 교과서로는 인민교육출판사 역사실人民敎育出版社 歷史室의『중국의 역사: 중국 고등학교 역사 교과서中國の歷史 中國高等學校歷史敎科書』(小島晉治・大沼正博・川上哲正・白川知多 譯, 明石書店, 2004), 그리고 고지마 신지小島晉治와 나미키 요리히사並木頼壽가 감수하고 오사토 히로아키大里浩秋 등이 번역한『입문 중국의 역사: 중국 중학교 역사 교과서入門中國の歷史 中國中學校歷史敎科書』(明石書店, 2001) 등이 있다.

마지막으로 현재 중국이 안고 있는 '교육의 병폐'에 관해서는, 르포르타주 형태로 접근한 아코 도모코阿古智子의 『가난한 이들을 먹는 나라: 중국 격차사회에 대한 경고貧者を喰らう國 — 中國格差社會からの警告』(新潮社, 2009)의 제5장 「왜곡된 학력 경쟁歪んだ學歷競爭」을 추천하겠다.

# 지은이 후기


이 책의 구상은 우연히 이루어졌다. 이와나미쇼텐의 바바 기미히 코馬場公彦 씨를 중심으로 여러 중국 연구자들이 '중국의 문제들中國的問 題群'(한국판 '총서 중국 연구의 쟁점'의 원래 제목 – 옮긴이)의 목록을 구상하고 있을 때 "격차 문제를 논한 책도 필요하지 않겠는가"라는 말이 나왔다. 그 런데 소노다 시게토가 다른 출판사의 의뢰를 받아 같은 주제로 책을 집필하기 시작했기 때문에 내용이나 관점을 바꿀 필요가 있었다.

마침 인간문화연구기구人間文化硏究機構의 프로젝트인 '현대 중국 지 역 연구'가 시작되었고, 와세다대학을 거점으로 한 '조화로운 사회 달 성 가능성에 관한 일·중 공동조사연구'에 필자 두 사람이 함께 참여하 게 되었다. 그런 인연으로 두 사람은 서로의 연구 내용에 관해 깊이 알 게 되었다. 그러던 와중에 중국의 계층 연구 분야에서도 교육 문제가 논해지고 격차 문제를 교육의 관점에서 접근하는 것이 중요하다는 인 식이 커지고 있어서, 소노다 시게토가 신보 아쓰코에게 중국의 교육과 격차(불평등)를 주제로 한 책의 공동 집필을 제안하기에 이르렀다.

두 사람의 작업은 먼저 신보가 중국 교육제도의 역사를 개관한 원고를 집필하고, 이어서 소노다가 교육을 둘러싼 격차 및 불평등에 관한 원고를 덧붙인 다음에 전체의 논조를 가다듬는 순서로 진행되었다. 작업을 진행하는 도중에 연구회나 학술대회 등에서 만나 서로의 논점이나 주장을 확인할 수 있기는 했지만, 작업은 대체로 지지부진하면서 속도가 붙지 않았다. 이는 그사이에 소노다가 대학을 옮기고 새로운 주제에 도전한 소노다가 원고를 빠른 속도로 메워갈 수 없었기 때문이었는데, 그런 까닭에 바바 기미히코 씨가 애를 많이 태워야 했다.

중국의 강렬한 교육열은 바야흐로 세계를 덮고 있다. 지금 세계의 대학들은 중국이 배출하는 우수한 유학생들을 유치하기 위해 격전을 벌이고 있어, 세계 유학생 시장은 중국을 중심으로 전개되고 있다고 해도 과언이 아닐 정도다.

오늘날 베이징대학이나 칭화대학 같은 일류대학에는 세계 각국에서 유학생이 몰려들고, 다른 한편으로 하버드대학에서 박사학위를 취득한 학생들의 출신 학교를 보면 칭화대학(2008년 1위)이나 베이징대학(같은 해 2위)이 손꼽힌다. 중국을 중심으로 들어오고 나가고 또 나가고 들어오는 학생들의 행렬에 끝이 없다.

'유학생 30만 명' 계획을 세우고 있는 일본도 이러한 중국인 유학생들의 인파로부터 따로 떨어져 있을 수 없다. 아니, 전체 유학생의 60% 이상을 중국에 의존하는 일본 대학들로서는 중국의 교육정책이나 중국인 학생들의 기질 따위를 모르고서는 그들을 잘 관리할 수 없다고 하는 날이 올지도 모르겠다.

내부에 거대한 격차와 불평등을 안고 있으면서도 강렬한 교육열을 계속 내뿜고 있는 중국에 대해 우리는 앞으로도 계속 주목해야 할 것이다.

2010년 3월

소노다 시게토, 신보 아쓰코

지은이

## 소노다 시게토 園田茂人
1961년 아키다 현에서 태어났다. 도쿄대학에서 사회학을 전공했으며, 현재 도쿄대학 동양문화연구소 및 정보학부 교수로 재직 중이다. 비교사회학과 중국사회론을 연구하고 있다. 주요 저서로『中國人の心理と行動』,『不平等國家 中國』,『中國社會はどこへ行くか』(편저) 등이 있다.

## 신보 아쓰코 新保敦子
1956년 이시카와 현에서 태어났다. 와세다대학에서 교육학 박사학위를 받고, 와세다대학 교육·종합과학학술원 교수를 지냈으며, 현재 베이징사범대학 교육학부 객원교수로 재직 중이다. 중국교육사, 소수민족의 교육, 중국의 이슬람 등을 연구하고 있다. 주요 저서로『敎育における民族的相克』(공저),『世界の敎育改革の思想と現狀』(공저) 등이 있다.

옮긴이

## 백계문
민주화운동가이자 정치활동가다. 서울대학교 법과대학을 졸업하고, 중앙대학교 대학원에서 교육학을 전공했다. 지은 책으로『성공한 개혁가 룰라』(2011)가 있으며, 옮긴 책으로『중국 문제: 핵심어로 독해하기』(공역),『(다치바나키 도시아키가 이야기하는) 행복의 경제학』,『사회생활에서 본 리스크』,『경제에서 본 리스크』,『리스크학이란 무엇인가』,『중국의 도시화와 농민공』,『루쉰』,『한국정치와 시민사회』,『중국 기업의 르네상스』,『진화하는 중국의 자본주의』,『21세기 패자는 중국인가』,『김정은 체제』(공역),『글로벌 트렌드 2035』(공역) 등이 있다.

한울아카데미 1941
총서 중국연구의 쟁점 8
**중국의 교육: 불평등을 극복할 수 있을까**

지은이 ┃ 소노다 시게토, 신보 아쓰코
옮긴이 ┃ 백계문
펴낸이 ┃ 김종수
펴낸곳 ┃ 한울엠플러스(주)
편집 ┃ 최규선

초판 1쇄 인쇄 ┃ 2017년 2월 20일
초판 1쇄 발행 ┃ 2017년 3월 6일

주소 ┃ 10881 경기도 파주시 광인사길 153 한울시소빌딩 3층
전화 ┃ 031-955-0655
팩스 ┃ 031-955-0656
홈페이지 ┃ www.hanulmplus.kr
등록번호 ┃ 제406-2015-000143호

Printed in Korea.
ISBN 978-89-460-5941-2 93370

* 책값은 겉표지에 표시되어 있습니다.